DON JUAN TENORIO

clásicos **castalia**

JOSÉ ZORRILLA

DON JUAN TENORIO

*Edición
introducción y notas
de*

DAVID T. GIES

clásicos castalia

Madrid

Copyright © David T. Gies
© Editorial Castalia, S. A., 1994
Zurbano, 39 - 28010 Madrid - Tel. 319 58 57

Cubierta de Víctor Sanz

Impreso en España - Printed in Spain
Unigraf, S. A. Móstoles (Madrid)

I.S.B.N.: 84-7039-694-3
Depósitol Lega: M. 24.315-1994

SUMARIO

INTRODUCCIÓN
BIOGRÁFICA Y CRÍTICA

D A muchas vueltas Leopoldo Alas, "Clarín", en su deseo de convencer a los lectores de *La Regenta* (1884-1885) de que Ana Ozores, mujer de cierta edad y de cierta clase, no ha visto nunca una representación de *Don Juan Tenorio*, conocidísimo drama de José Zorrilla y Moral. En el famoso capítulo XVI de su obra maestra el novelista pone en boca de don Víctor Quintanar las siguientes palabras:

> Vergüenza da decirlo…, pero es la verdad… Mi mujercita, por una de esas rarísimas casualidades que hay en la vida… ¡nunca ha visto ni leído el *Tenorio*! Sabe versos sueltos de él como todos los españoles, pero no conoce el drama… o la comedia, lo que sea; porque, con perdón de Zorrilla, yo no sé si…[1]

A lo que contesta don Alvaro: "¡Eso es imperdonable!". Su sorpresa es acertada. En los cuarenta años transcurridos entre la publicación de *Don Juan Tenorio* (1844) y la de *La Regenta* la obra de Zorrilla había llegado a convertirse en la obra más popular y más representada de todo el teatro decimonónico español. Todos los españoles, como recordaba Clarín, lo conocían entero o en versos sueltos. Para José Ortega y Gasset el *Tenorio* vive dentro del alma española, "como uno de sus ingredientes, actuando en permanente

---

[1] Leopoldo Alas, *La Regenta*. Ed. Gonzalo Sobejano. Madrid: Castalia, 1981. 2 vols. Cita de II, p. 29.

presencia y con enérgica dinamicidad".[2] También recuerda
Jesús Rubio Jiménez: "La extraordinaria popularidad alcan-
zada hizo que cada uno lo utilizara según su gusto. Produjo
infinitas anécdotas y abundante literatura de consumo,
como pliegos y parodias teatrales, por no hablar de las
numerosas versiones teatrales, novelescas y ensayísticas".[3]
Esta inconcebible popularidad convirtió al drama no sólo
en obra canónica y consagrada del repertorio español[4] sino
en elemento de la "conciencia colectiva" española,[5] una
conciencia tan profundamente arraigada en el concepto del
ser español del siglo pasado que aparece y reaparece en
infinitas versiones literarias a lo largo del siglo. Pero no fue
siempre así.

José Zorrilla, después de escribir la obra rápidamente (él
insiste en que la escribió en un par de semanas) vendió los
derechos de autor de su *Don Juan Tenorio* a su entonces
amigo el librero Manuel Delgado, en 1844, por la modesta
cantidad de 4200 reales.

> La relación comercial entre Zorrilla y Delgado —el más
> importante editor de obras dramáticas de la época— ejempli-
> fica la relación autor/editor. Antes de que adquiriera *Don
> Juan Tenorio*, este editor ya compraba obras a Zorrilla antes
> de escribirlas, bajo contrato, y concedía adelantos a cambio
> de contar con los derechos de las obras que escribiera hasta
> la satisfacción de los préstamos. El escritor no era, en efecto,
> todavía un profesional con suficientes recursos económicos y
> vivía de su producción literaria. En estos términos cedía
> dicho autor en 1842 cuatro tomos de leyendas en verso "que
> promete y se obliga a escribir dentro de un año, con facultad
> para Manuel Delgado de poder imprimirlo y publicarlo en
> todas partes y cuantas ediciones le conviniere", por la canti-
> dad de 32.000 reales. Otro contrato ligaba ambos personajes,

---

[2] José Ortega y Gasset, "La estrangulación de don Juan," en *Obras completas*,
4ª. ed., 5, Madrid, Revista de Occidente, 1958, p. 246.

[3] Jesús Rubio Jiménez, "*Don Juan Tenorio*, drama de espectáculo: plasticidad
y fantasía", *Cuadernos de Investigación Filológica*, 15, 1989, p. 11.

[4] Ver James Mandrell, "Nostalgia and the Popularity of *Don Juan Tenorio*:
Reading Zorrilla Through Clarín", *Hispanic Review*, 59, 1991, p. 37.

[5] Timothy Mitchell, " *Don Juan Tenorio* as Collective Culture" en su *Violence
and Piety in Spanish Folklore*, Philadelphia, University of Pennsylvania Press,
1988, p. 169.

por el que Zorrilla vendía al editor todas cuantas producciones dramáticas escribiera hasta completar 17.200 reales que había recibido, con los siguientes precios: 4.400 reales por las obras de tres o más actos, 2.000 reales por las de dos y 1.000 reales por las de uno; Manuel Delgado tenía el derecho de imprimirlas, y permitir su representación excepto en los teatros de la Corte. Por las mismas fechas, un nuevo contrato permitía la impresión, por término de cuatro años, de todas las comedias que escribiera.[6]

Zorrilla no se dio cuenta hasta años más tarde de lo que había perdido al abandonar tan fácilmente su a la vez tan querida y tan odiada figura de don Juan. En 1877, al convertir su drama en zarzuela, el dramaturgo reveló la irritación que le causaron "los desatinos y absurdos que hace treinta años acumulé en ésta mi famosa elucubración", aunque el intento de suavizar las andanzas de don Juan, de modificar sus hazañas adaptándolas "a las exigencias realistas y filosóficas de la época",[7] fracasaron rotundamente. El público pedía el don Juan calavera, descarado, asesino y redimido de la versión original.

Es más: la crítica también ha dado muchas vueltas sobre la cuestión de las posibles y múltiples fuentes de *Don Juan Tenorio*,[8] pero se ha fijado muy poco en el *Tenorio* como fuente de otras obras decimonónicas. La obra de Zorrilla no fue tanto "fuente" sino catarata que inspiró a docenas de autores dramáticos a lo largo del siglo XIX y bien entrado el siglo XX. La cantidad de imitaciones, continuaciones y parodias del *Tenorio* es tan sorprendente como el relativo silencio que ha mantenido la crítica sobre aquellas obras.

Nos encontramos, por ende, ante una obra disputada, comentada, representada, criticada y querida por generaciones de individuos dentro y fuera de España: una obra inolvidable y sin duda inmortal.

[6] Jesús Antonio Martínez Martín, "Libros y librerías. El mundo editorial madrileño del siglo XIX", *Anales del Instituto de Estudios Madrileños,* 28, 1990, p. 170.

[7] José Zorrilla, *"Recuerdos del tiempo viejo,"* en *Obras completas de José Zorrilla,* ed. Narciso Alonso Cortés, Valladolid, Santarén, 1943, p. 1721.

[8] Ver, por ejemplo, la bibliografía (con sus cinco suplementos) de Armand Singer, *The Don Juan Theme: Versions and Criticism. Bibliography*, Morgantown, West Virginia: West Virginia University Press, 1965.

I. José Zorrilla y Moral. Esbozo biográfico

José Zorrilla y Moral nació en Valladolid el día 21 de febrero de 1817, hijo de don José Zorrilla Caballero (1778-1849) y doña Nicomedes Moral (1787-1845). Miembros de su futura generación literaria serán, entre otros artistas e intelectuales, Gertrudis Gómez de Avellaneda (Camagüey, Cuba, 1814), Antonio Ferrer del Río (Madrid, 1814), Gregorio Romero Larrañaga (Madrid, 1814), Leopoldo Augusto de Cueto (Cartagena, 1815), Enrique Gil y Carrasco (Villafranca del Bierzo, 1815), Eugenio de Ochoa (Lezo, 1815), Aureliano Fernández Guerra (Granada, 1816), Tomás Rodríguez Rubí (Málaga, 1817), Gabriel García Tassara (Sevilla, 1817), "mi grande amigo" (*Recuerdos* 1742) Miguel de los Santos Álvarez (Valladolid, 1818), Francisco Navarro Villoslada (Viana, 1818), Pablo Piferrer (Barcelona, 1818), Manuel Milá y Fontanals (Villafranca del Penedés, 1818), José Amador de los Ríos (Baena, 1818), Manuel Cañete (Sevilla, 1822), Eusebio Asquerino (Sevilla, 1822) y Carolina Coronado (Almendralejo, 1823). Pero de todos ellos, será Zorrilla el que capte más la atención de un público amplio y eterno.

Ya desde su primera juventud José Zorrilla transformaba experiencias vitales en actos literarios e imaginativos. Él mismo recuerda, en sus imprescindibles *Recuerdos del tiempo viejo*, una experiencia que llama "el primer absurdo, precursor y engendrador tal vez de mi posterior afición a lo absurdo, fantástico e imposible".[9] Es una anécdota que nos permite comprobar no sólo su afición a lo fantástico sino también su capacidad de mezclar lo espiritual con lo imaginativo, en lo que estará precisamente la clave de su drama más famoso, *Don Juan Tenorio*. He aquí, en forma abreviada, el relato:

Llevábame mi buena madre todos los días a la misa que tenía ella costumbre de ir a oír en la parroquia de San Martín,

---

[9] José Zorrilla, *Recuerdos del tiempo viejo*, en *Obras completas de José Zorrilla*, ed. Narciso Alonso Cortés, Valladolid, Editorial Santarén, 1943, vol. 2, p. 1859.

en donde fui bautizado. Mientras ella devotamente asistía a la celebración del Santo Sacrificio, yo me entretenía en mirar las imágenes, las flores y las luces de los altares. En el mayor hay un San Martín de talla, jinete en un caballo blanco, partiendo con su espada la capa, cuya mitad dio a Cristo. De esta piadosa tradición tenía yo la leyenda en la cabeza desde que pude acordar lógicamente dos ideas en mi cerebro; y como los sentidos y la costumbre de ver todos los días aquel santo jinete [...] me ayudaban a conservar en la memoria la piadosa leyenda, y a amplificarla y pormenorizarla en mi imaginación, concluí por tener siempre delante de los ojos aquella tallada imaginería [...]. En la nave de la iglesia de la parte del Evangelio había un altar de San Miguel, con su espada levantada sobre un gran diablo que a los pies tenía [...]. Todo aquello veía yo todos los días, y con ello soñaba no pocas noches [...].

Era una mañana de invierno, nebulosa y húmeda [...]. Mientras las criadas hacían las faenas de la casa, fui yo a sentarme en el rodapié de un balcón [...]. De repente sentí el trote de un caballo que venía por el lado de San Martín; al volver yo la cabeza hacia aquella parte, entraba ya por la calle de la Ceniza un jinete tan gallardo como colosal, que con la cabeza llegaba al rodapié de los balcones de mi casa. Su caballo blanco y de ondulosa crin avanzaba cabeceando, y bufando, y arrojando por sus narices dos nubes de caliente vapor, que en la fría atmósfera se desvanecían, y el jinete, sonriéndome desde que apareció a mis ojos. [...] Al pasar por delante de mí me saludó con la mano, enviándome desde su blanco caballo una mirada luminosa de sus ojos de mucho blanco, una sonrisa fascinadora de su boca, entre cuyos labios extremadamente rojos mostraba una blanquísima dentadura, y un saludo continuado de su morena mano zurda, porque con la derecha conducía su blanquísimo caballo.

Cuando desapareció por la esquina de San Pablo, corrí yo muy contento a decir a mi madre que acababa de ver pasar al diablo de San Miguel en el caballo de San Martín.[10]

Aquí se descubren, en la blancura del santo (el caballo, los ojos, la dentadura) y en su sonrisa "fascinadora",[11] las raíces de la atracción místico-amorosa que siente doña Inés

---

[10] *Recuerdos del tiempo viejo,* pp. 1859-1860.

[11] Esta palabra es una de las que Zorrilla emplea con más acierto en *Don Juan Tenorio.* Ver, por ejemplo, los versos 1178, 2113, 2241, 3014 (acotación) y 3628.

hacia don Juan. Zorrilla transformará ésta y otras experiencias en literatura, pero ni él sabe distinguir entre lo soñado y lo "real": "¿Le vi yo, o no le vi real y positivamente? [...] ¿Quién me explica, pues, este fenómeno?".[12]

El padre de Zorrilla fue absolutista por convicción y por profesión, y ejerció varios cargos en la administración del rey Fernando VII. Durante la Década Ominosa (1823-1833) sirvió primero como Gobernador de Burgos (1823) y luego como Oidor en Sevilla (1826) antes de aceptar el puesto de Alcalde de Casa y Corte en la capital en 1827. El hijo entró interno en el Real Seminario de Nobles, escuela dirigida por los jesuitas. Este mismo año, el rey nombra al padre Superintendente General de la Policía, puesto desde el cual puede llevar a cabo la política represiva del monarca. En efecto, durante los años en que don José sirve en ese puesto, los crímenes disminuyen en Madrid, así como los criminales, muchos de los cuales fueron ahorcados en la Plaza Mayor como castigo y escarnio para los demás. Al caer el gobierno reaccionario de Calomarde en 1832, el padre del poeta se jubila y vuelve primero a Burgos y luego a Lerma[13] para vivir sus años otoñales; pero su adhesión a la fracasada causa carlista exige su emigración a Francia en 1839.

Durante su primera época en Madrid, el joven Zorrilla estudia sin gran entusiasmo ni aplicación, hasta que, al marcharse la familia de Madrid en 1833, abandona el augusto Real Seminario. En el curso de 1833-1834 ingresó en la Universidad de Toledo para estudiar leyes, a instancias de su padre; sin embargo, dedicó más tiempo a la lectura de novelas y a la inspección de las glorias artísticas de aquella ciudad que a los libros de texto ("Yo debía mi fama a mis inspiraciones románticas de Toledo"[14]). Su padre, decepcionado por la poca afición de su hijo a las leyes, le manda a la Universidad de Valladolid durante el siguiente año académico para poder vigilarle con más atención y cui-

[12] *Recuerdos del tiempo viejo*, p. 1860.
[13] Zorrilla dedica *Don Juan Tenorio* a Francisco Luis de Vallejo, corregidor de Lerma y amigo de su padre. Ver nota al texto.
[14] *Recuerdos del tiempo viejo*, p. 1752.

dado. Así, en noviembre de 1834 ingresa José en el segundo curso de leyes en Valladolid, curso que no termina por ser llamado repentinamente a Lerma, donde su padre sufre una grave enfermedad, en enero de 1835.

Aunque fue correcto y respetuoso con su padre, José nunca sintió hondo cariño hacia él, y esa ausencia le marcará durante toda su vida. Como dice Alonso Cortés:

> Entre Zorrilla y su padre no hubo nunca la afectuosidad y confianza que entre padres e hijos debe mediar. El probo magistrado, presidido en todos sus actos por la austeridad y rectitud más intachables, sólo veía en su hijo un iluso, desequilibrado por lecturas malsanas, y que, incapaz de asegurarse una regular posición, sería toda su vida un tonto de capirote. Zorrilla [...] tenía a su padre por un tirano, de quien no podía esperar sino repulsas y desprecios.[15]

El poeta confesó que siempre escribió para complacer a su padre y para alcanzar su perdón por haberse marchado de casa en Valladolid sin permiso. Dice José que todas sus obras escritas entre 1837 y 1845 las escribió para "borrar de la memoria de mi padre el crimen de mi fuga del paterno hogar".[16]

Zorrilla ya había escrito y publicado versos en varios periódicos (entre ellos *El Artista*), pero comienza en serio su carrera literaria cuando vuelve a Madrid en 1836. Será el suicidio del literato más famoso de la época, Mariano José de Larra, lo que le ofrecerá la oportunidad de entrar en el mundo literario de la capital. El conocido acontecimiento del entierro de Larra, en el que el joven y desconocido poeta José Zorrilla lee sus versos conmovedores, "Ese vago clamor que rasga el viento", le da fama instantánea en la corte. El testimonio de su amigo Nicomedes Pastor Díaz subraya la atmósfera solemne pero emocionante de aquella tarde del 27 de febrero de 1837 en que España a la vez pier-

---

[15] Narciso Alonso Cortés, *Zorrilla. Su vida y sus obras,* 2ª. ed., Valladolid, Santarén, 1943, p. 57.
[16] José Zorrilla, *Obras completas de don José Zorrilla. Corregidas y anotadas por su autor. Edición monumental y única auténtica,* Barcelona, Sociedad de Crédito Intelectual, 1884, p. 171.

de un genio y gana otro, como si el espíritu de Larra se transformara en el de Zorrilla:

> Nuestro asombro fue igual a nuestro entusiasmo, y así que supimos el nombre del dichoso mortal que tan nuevas y celestiales armonías nos había hecho escuchar, saludamos al nuevo bardo con la admiración religiosa de que aún estábamos poseídos, bendijimos a la Providencia que tan ostensiblemente hacía aparecer un genio sobre la tumba de otro, y los mismos que en fúnebre pompa habíamos conducido al ilustre Larra a la mansión de los muertos, salimos de aquel recinto llevando en triunfo a otro poeta al mundo de los vivos y proclamando con entusiasmo el nombre de Zorrilla.[17]

Consagrado como poeta, comienza a publicar una asombrosa cantidad de bellos versos en los periódicos madrileños —sobre todo en *El Español*, periódico abandonado por Larra— , antes de reunirlos en forma de libro. El primer tomo de su primera compilación poética, predominantemente de poesías líricas —*Poesías de don José Zorrilla* —, salió en 1837. Otros tomos vieron la luz sucesiva y velozmente, hasta completar ocho volúmenes en 1840. Entre los títulos de estas composiciones juveniles figuran "A la memoria desgraciada del joven literato D. Mariano José de Larra", "Recuerdos de Toledo", "La luna de enero", "A ***", "La torre de Fuensaldaña", "La margen del arroyo", "Las hojas secas" y otras obras que captaban la imaginación del público romántico.

Zorrilla trabó relaciones amorosas con la madre de un amigo suyo, una viuda dieciséis años mayor que él. La dama quedó encinta y, para evitar su deshonra, Zorrilla se casó con doña Florentina (Matilde) O'Reilly el 22 de agosto de 1839; el 5 de octubre les nació una hija, Plácida, que desgraciadamente murió antes de cumplir tres meses. El matrimonio no le dio al poeta la felicidad buscada, y las relaciones entre él y su celosa mujer se enfriaron tanto que

---

[17] Nicomedes Pastor Díaz, "Prólogo," a las *Poesías de don José Zorrilla*, Madrid, Imprenta de I. Sánchez, 1837. En *Obras completas* I, 1943, p. 14.

Zorrilla confesó que una de las razones de sus frecuentes viajes fuera de Madrid eran sus deseos de escapar de una situación conyugal intolerable.

La publicación de su colección de leyendas tradicionales en 1840-41, bajo el título de *Cantos del trovador*, inicia un período fructífero de creación poética. Durante media década publicará *Vigilias del estío* (1842), *Recuerdos y fantasías* (1844), *La azucena silvestre* (1845), *El desafío del diablo* (1845) y *Un testigo de bronce* (1845).

Junto con sus poesías líricas y narrativas, Zorrilla comienza a publicar poesías dramáticas. "Pero era preciso vivir, y para vivir era forzoso trabajar. La casualidad, que es la providencia de los españoles, y la debilidad de García Gutiérrez para conmigo, me abrieron campo más ancho, franqueándome la escena, cuando más necesitaba variar y acrecentar mis medios de acción y de subsistencia," escribe en sus *Recuerdos*.[18] Sus primeros ensayos tuvieron poco éxito (los dos primeros, *Vivir loco y morir más*, 1836, y *Ganar perdiendo*, 1839, ni se estrenaron) pero al decidir colaborar con su amigo, el consagrado dramaturgo y autor de *El trovador* (1836) Antonio García Gutiérrez, la fortuna de Zorrilla cambia. Los dos escriben *Juan Dandolo*, que se estrenó (aunque con poco éxito) el 24 de junio de 1839. Estas experiencias le dieron a Zorrilla más confianza en su capacidad dramática, prueba de la cual es el enorme éxito de *El zapatero y el rey,* que se estrenó el 14 de marzo de 1840. "Desde aquella noche quedé, como un mal médico con título y facultades para matar, por el dramaturgo más flamante de la romántica escuela, capaz de asesinar y de volver locos en la escena a cuantos reyes cayeran al alcance de mi pluma. Dios me lo perdone…".[19] Dominan las tablas madrileñas las obras dramáticas de García Gutiérrez, Juan Eugenio Hartzenbusch, Manuel Bretón de los Herreros, Tomás Rodríguez Rubí y, al poco tiempo, los dramas de los hermanos Eduardo y Eusebio Asquerino. Zorrilla contribuye a la rica oferta teatral con otras obras —*El zapatero y el rey, segunda parte* (1842), *El eco del torrente* (1842), *Los*

---

[18] *Recuerdos del tiempo viejo*, p. 1754.
[19] *Recuerdos del tiempo viejo*, p. 1755.

dos virreyes (1842), *Un año y un día* (1842), *Sancho García* (1842), *El puñal del godo* (1843), *Sofronia* (1843), *La mejor razón, la espada* (1843), *El molino de Guadalajara* (1843, "drama estrambótico y fatalista" según su autor[20]), y *El caballo del rey Don Sancho* (1843)— que preceden al estreno del drama que le iba a dar fama duradera, *Don Juan Tenorio* (1844). Obviamente, éste es un período muy fecundo para Zorrilla, que sigue escribiendo poesía lírica y narrativa al mismo tiempo que ofrece obras dramáticas a los empresarios madrileños para su estreno en los teatros principales de la corte. *La copa de marfil* (1844) y *El alcalde Ronquillo* (1845) también se estrenaron antes de su decisión de abandonar la capital (y, especialmente, a su mujer) para ir a Francia en 1845. Allí entra en contacto con las figuras más conocidas de la renovación literaria francesa: Alexandre Dumas, George Sand, Alfred de Musset, Theophile Gautier; naturalmente, también con sus respectivas obras.

Al morir su querida madre en diciembre de 1845, Zorrilla se siente abandonado y huérfano. Todavía no se ha reconciliado del todo con su rígido padre, que no le perdonó su juvenil huida de casa. Vuelve triunfante a España en 1846, y aquí recibe los primeros honores de los muchos que iban a marcar su larga vida: es nombrado miembro de la Junta Directiva del nuevo Teatro Español (abierto en 1849) y del augusto cuerpo de distinguidos literatos de la Real Academia Española. Pero la muerte de su padre en 1849 le produjo un pesado cargo de conciencia que nunca pudo superar. Otras obras dramáticas —*El rey loco* (1847), *La reina y los favoritos* (1847), *La calentura* (1847), *El excomulgado* (1848), *La creación y el diluvio universal* (1848)— se publicaron durante estos años. El gran triunfo de esta época, y la pieza que en la opinión de muchos críticos es su verdadera obra maestra,[21] es *Traidor, inconfeso y mártir*, estrenada en el Teatro Español el 3 de marzo de 1849.

---

[20] *Recuerdos del tiempo viejo*, p. 1799.

[21] *Traidor, inconfeso y mártir* es "la obra quizá más perfecta de Zorrilla y la que tiene el mérito de cerrar, magníficamente, un ciclo dramático ya agotado". Roberto Calvo Sanz, "Introducción", *Traidor, inconfeso y mártir*, Madrid: Espasa Calpe, 1990, p. 45.

Vuelve el poeta a París en 1851, de nuevo huyendo de su inaguantable mujer, y se traslada dos años después a Londres. En París escribe y publica una de sus obras poéticas más logradas, *Granada* (1852). Desde Londres decide marchar al Nuevo Mundo, y llega en 1854 a México, donde se queda, con la excepción de un año (1858) que pasa en Cuba, hasta mediados de la década de los 1860. A pesar de su fama, Zorrilla sufre apuros económicos y vive una vida bastante triste en América. En el Nuevo Mundo publica algunas poesías —*La flor de los recuerdos* (1855) y *Dos rosas y dos rosales* (1859)— pero sólo la llegada de Maximiliano al poder en 1864, y el subsiguiente nombramiento como director del Teatro Nacional de México, le sacan de su ruinosa situación económica. La muerte de su esposa en 1866 le ofrece la oportunidad, la excusa, de volver a España, pero a su vuelta encuentra un país bastante cambiado. Y el poeta mismo, ahora con cuarenta y nueve años de edad, echa de menos la vigorosa animación de su juventud y siente la ausencia de sus antiguos amigos. Sin embargo, publica en 1867 su impresionante *El drama del alma*, obra que relata en apasionados versos la triste historia del emperador Maximiliano y su amada Carlota. En 1869, casado en segundas nupcias con Juana Pacheco, cree que sus continuas dificultades económicas van a aliviarse, pero no es así. Este matrimonio, al contrario del que le unió a una mujer quince años mayor que él (Juana tenía 20; José, 52), le ofrece felicidad conyugal, pero no seguridad económica. Ni los pocos ingresos de su obra literaria —se quejó amargamente toda su vida de lo poco rentable que era la profesión literaria ("siempre en España ha sido considerado el trabajo del ingenio como la hacienda del perdido y la túnica de Cristo, de las cuales todo el mundo tiene derecho a hacer tiras y capirotes"[22])—, ni una comisión administrativa en Roma (1873), ni una pensión nacional aprobada en 1885 por el Estado pero no pagada hasta 1889, cuatro años antes de su muerte, le pueden sacar de aquellos apuros. Fue nombrado cronista oficial de Valladolid, con una pequeña pen-

---

[22] *Recuerdos del tiempo viejo,* pp. 1763, 1764.

sión, en 1881, pero ésta tampoco sirvió para darle la seguridad necesaria para vivir sus últimos años en paz y tranquilidad.

Durante la década de 1880, España por fin otorga su reconocimiento a su hijo predilecto, al poeta más conocido en el extranjero, al autor del drama más popular y más leído del repertorio decimonónico español. Una de sus obras más duraderas e interesantes de estos años son sus *Recuerdos del tiempo viejo* (1880-1882), esbozo autobiográfico que contiene un análisis de su vida y sus obras. Aunque no es obra de ficción, algunos críticos le han acusado de —como tantas veces ocurre en un relato autobiográfico— embellecer la realidad un poco y de presentar tan sólo su personal interpretación de los hechos políticos y literarios de su vida. Sin embargo, los *Recuerdos* contienen una memoria imprescindible y preciosa de la larga vida del autor. En un solemne acto de gran prestigio y emoción, Zorrilla es coronado en Granada en 1889. Mientras su prestigio aumenta, su salud decae y, después de cuatro años de triste enfermedad, muere en Madrid el 23 de enero de 1893 a los setenta y seis años de edad. El entierro se convierte en un acontecimiento nacional, en una profunda expresión de agradecimiento y respeto hacia el poeta español más querido y más elogiado de su siglo. Ocho años más tarde sus restos son trasladados al camposanto de su ciudad natal, Valladolid.

II. POETA LÍRICO-DRAMÁTICO-NARRATIVO

José Zorrilla tiene una rica y extensa obra literaria, abundante en imaginación, colorido, entusiasmo y fluidez. Como observa Navas Ruiz, Zorrilla "acertó mejor que ningún otro romántico a expresar el carácter y la misión del poeta".[23] Su visión poética es, en los primeros años de su creación artística, puramente romántica porque percibe al poeta como ser maldito, destinado a sufrir por su arte. A

---

[23] Ricardo Navas Ruiz, *El romanticismo español*, 4ª. edición, Madrid, Cátedra, 1990, p. 297.

diferencia de sus contemporáneos, la mayoría de los cuales aprendieron su oficio en las fraguas neoclásicas, Zorrilla se formó leyendo a Rivas y a Espronceda, los dos poetas que en su día expresaron con más fuerza y claridad la visión romántica, uno la de carácter histórico y legendario, el otro la cósmica y trascendental. En los memorables versos leídos en el entierro de Larra, Zorrilla proclama:

> Que el poeta en su misión
> sobre la tierra que habita
> es una planta maldita
> con frutos de bendición.

Para R.P. Sebold este poema de Zorrilla representa un "nuevo manifiesto romántico"[24] por identificar al poeta —en su encarnación general— con un concepto de "superioridad espiritual", es decir, con algo más divino que humano ("furor divino", según Sebold), un vate por el cual cantan palabras y conceptos inspirados en algo distinto del inmundo barro humano. Sebold resume las características de este vate tocado por la mano divina, o sea, el poeta romántico según la definición de Zorrilla:

> la metaforización ascético-mística del egoísmo y la apoteosis del poeta; la superioridad moral y artística del poeta frente a los demás hombres; el poeta como profeta enviado a realizarse una misión misteriosa, posiblemente divina; la superación del «no ser» y la eternidad por la belleza del verso y esa comprensión que sólo se da entre espíritus sensibles y elegidos; el insalvable abismo entre poeta y sociedad conservadora; el «fastidio universal» y la desesperación de verse cogido entre el vacío macrocósmico y el vacío microcósmico, etc. Éste era el lenguaje en que iban a comunicarse las almas de Zorrilla y los otros poetas de su generación ...[25]

Así, para Zorrilla y los otros poetas de su generación romántica, el poeta es algo especial, raro, "divino". Zorri-

---

[24] R.P. Sebold, "Larra y la misión de Zorrilla", en *Trayectoria del romanticismo español*, Barcelona, Editorial Crítica, 1983, p. 165.
[25] Sebold, "Larra y la misión de Zorrilla", p. 182.

lla se da perfecta cuenta, sin embargo, de que la inspiración poética, aunque divina, es también producto de largas horas de meditación y trabajo. "La poesía fue mi único vicio", decía el poeta delante de sus colegas en la Real Academia Española[26] y sus contemporáneos solían elogiar la musicalidad y la variedad métrica de sus versos, incluso cuando criticaron su falta de profundidad filosófica o, a veces, de coherencia. Sus versos son, según Luis Fernández Cifuentes, "fáciles de recordar; versos que producen un entusiasmo inmediato pero raramente evocan un misterio que vaya más allá de su música".[27] "Yo más no soy / que un pájaro que va perdido y canta" proclama el autor ("Epístola en verso prosaico a Wenceslao Ayguals de Izco"), es decir, un poeta que canta sus versos —en poemas o en dramas, da igual— por el mundo, como un "trovador" (seudónimo que usó al publicar sus *Cantos del Trovador* en tres tomos en 1840-1841).

La fama como poeta que gozaba Zorrilla en su época ha sido eclipsada por su fama como dramaturgo, más específicamente como autor de *Don Juan Tenorio*, y los largos poemas —las leyendas o las poesías narrativas como "¡Granada mía!", "¡A escape y al vuelo!" y "La leyenda de don Juan Tenorio", o las poesías fantásticas como "Gnomos y mujeres"— piden nuevas interpretaciones a la luz de la hermenéutica contemporánea. Existen en sus versos muchos efectos colorísticos e innovaciones rítmicas que recuerdan, por ejemplo, a los colores y los ritmos de la poesía modernista, y que no han sido estudiados todavía.

III. DON JUAN TENORIO

Corría el año 1844 y Carlos Latorre, cómico y director del teatro de la Cruz, "necesitaba una obra nueva"[28] para

[26] "Discurso de recepción", en *Obras completas* II, ed. Narciso Alonso Cortés, Valladolid, Santarén 1943, p. 279.
[27] José Zorrilla, *Don Juan Tenorio*, ed. de Luis Fernández Cifuentes, Barcelona, Crítica, 1993, p. 3.
[28] *Recuerdos del tiempo viejo*, p. 1799.

ser representada en su teatro. Zorrilla, que meditaba la posibilidad de producir una refundición de *El burlador de Sevilla* de Tirso de Molina (y, por cierto, mejorar la "mala" refundición de dicha obra que había escrito Antonio de Zamora bajo el título de *No hay plazo que no se cumpla ni deuda que no se pague y Convidado de piedra*[29]), se pone a confeccionar un nuevo drama, que comienza "en una noche de insomnio".[30] La explicación que ofrece en los *Recuerdos* y, más que nada, el manuscrito de la obra en cuestión, niegan su jactancia de haber escrito la obra en "veinte días", o por lo menos niegan la implicación de que la escribiera a vuela pluma, sin pensar profundamente en ella y sin cuidar demasiado del texto. El manuscrito, lleno de detalladas tachaduras y minuciosas alteraciones en palabras, versificación y acotaciones, y hasta cambios de enfoque en varias escenas, prueba que Zorrilla pensaba y repensaba su obra, puliéndola y perfeccionándola hasta donde es posible cuando uno escribe con restricciones temporales.[31] Tenía que producir una obra para Latorre, y así lo hizo.

La mujer, las mujeres: doña Inés y Brígida

Desde el principio el autor concibió una obra profundamente cristiana, una obra que marcara el contraste entre el pagano mundo romántico que dominaba las tablas españolas de su época y una nueva visión armónica del mundo. La figura de Inés le llamó más la atención:

> Mi obra tiene una excelencia que la hará durar largo tiempo sobre la escena, un genio tutelar en cuyas alas se elevará sobre los demás Tenorios: la creación de mi doña Inés *cristiana*; los demás Don Juanes son obras paganas; sus mujeres son hijas de

[29] Zorrilla se equivoca dos veces en sus *Recuerdos* : al atribuir a Moreto la obra de Tirso y al atribuir a Antonio de Solís la refundición hecha por Antonio de Zamora (1799). Habla el autor de su proceso creativo en "Cuatro palabras sobre mi *Don Juan Tenorio*" (*Recuerdos,* pp. 1799-1807).

[30] *Recuerdos del tiempo viejo,* p. 1800.

[31] Ver el manuscrito, publicado en versión facsímil por José Luis Varela en 1974.

> Venus y de Baco y hermanas de Príapo; mi doña Inés es la hija de Eva antes de salir del Paraíso...[32]

Este elemento cristiano es precisamente lo que distingue a *Don Juan Tenorio* de los otros dramas románticos. Inés es la esencia del amor cristiano: resignada, abierta, generosa y potencialmente alma que se sacrifica por don Juan. Ella es la inocencia, el amor incondicional capaz de sacrificarse por el amor, aspecto éste que llama la atención a los que estudian la metafísica romántica. Es una doble heroína romántica, a la vez pasiva y activa, pasivamente manipulada por don Juan (la carta) y por Brígida (las palabras), pero también actuante por sí misma (cuando, mediante una "negociación" con Dios, pide la salvación de su amante). Es más que la "niña enamorada" comentada por Maeztu:[33] es la esencia espiritual cristiana que redime a don Juan, que se convierte en un recuerdo de la Virgen María, el vehículo por el cual don Juan recibe la gracia divina. "Zorrilla contrahace la mano del Comendador y desplaza la solución angélica a la mano de doña Inés, para aplauso del público", ha escrito Aurora Egido.[34] Es a través de ella como el *plazo* de la primera parte se convierte en el *plazo* de la segunda parte, es decir, que la fecha tope se convierte en período de gracia que ofrece al pecador la oportunidad de salvarse.[35] Como observa bien Navas Ruiz,

> quien sólo perciba una serie de aventuras redimidas por el amor no habrá penetrado en su profundo significado cristiano. Efectivamente, el *Don Juan* de Zorrilla no es pagano, porque sale del plano natural para adentrarse en los misterios del dogma católico, en el misterio sublime y consolador de la caridad. El amor de Inés no es un simple amor de mujer; es un amor de caridad cristiana.[36]

[32] *Recuerdos del tiempo viejo*, p. 1802. (Subrayado mío)
[33] Ramiro de Maeztu, *Don Quijote, Don Juan y La Celestina,* 10ª. ed., Madrid, Espasa-Calpe, 1968, p. 97.
[34] Aurora Egido, " Sobre la demonología de los burladores (de Tirso a Zorrilla", *Cuadernos de Teatro Clásico* 2 (1988), pp. 52-53.
[35] Robert ter Horst, "Ritual Time Regained in Zorrilla's *Don Juan Tenorio*", *Romanic Review* 70 (1979), p. 93.
[36] Ricardo Navas Ruiz, *El romanticismo español*, 4ª. ed., Madrid, Cátedra, 1990, p. 317.

La mujer burguesa, figura clave que apoya la estructura familiar, ofrece un servicio espiritual.

Brígida, la figura celestinesca del drama, es todo lo contrario de Inés, su polo opuesto. Ella no da amor sino que lo vende. Para ella, el amor es un comercio, nada más. Brígida facilita tanto la reunión de los amantes como la seducción de la niña que debe proteger. Aunque Brígida es la sirvienta de Inés, en realidad sirve a las necesidades de Don Juan. Es Brígida la que abre en Inés la posibilidad de sentimientos inconscientes que no puede, no se atreve a confesar. Según Carlos Feal, ella "da forma y nombre" a las vagas emociones de la novicia,[37] aunque confiesa que "neither she nor Don Juan could have been successful had not Inés been predisposed to fall in love".[38] Para Pérez Firmat, Brígida manipula la carta de don Juan, que para ella es "a trap that is being laid for Inés".[39]

El Tenorio mágico[40]

Manuel de la Revilla, aunque considera que *Don Juan Tenorio* fue la creación "más original, y más popular también, de nuestra literatura",[41] descubrió (al igual que el mismo autor) mucho, en el personaje y en la obra, que calificó de "odioso y absurdo".[42] Protesta por el repentino arrepentimiento del personaje central —"absurdo, irritante e impío"[43]— y critica el hecho de que Zorrilla emplease elementos de la comedia de magia en una obra trágica y religiosa:

invirtió tres mortales actos en escenas fantásticas, abusando de lo sobrenatural, transformando en comedia de magia lo que

[37] Carlos Feal Deibe, "Conflicting Names, Conflicting Laws: Zorrilla's *Don Juan Tenorio*", *PMLA* 96, iii (1981), p. 378.

[38] Carlos Feal Deibe, "Conflicting Names", p. 377.

[39] Gustavo Pérez Firmat, "Carnaval in *Don Juan Tenorio*", *Hispanic Review* 51 (1983), p. 272.

[40] Parte de esta sección se publicó como "*Don Juan Tenorio* y la tradición de la comedia de magia", *Hispanic Review* 58, 1990, pp. 1-17.

[41] Manuel de la Revilla, "El tipo legendario de D. Juan Tenorio", en *Obras de D. Manuel de la Revilla,* Madrid, Víctor Saiz, 1883, p. 431.

[42] Revilla, p. 449.

[43] Revilla, p. 451.

debe ser, ante todo, drama trágico, e incurriendo en los mayores absurdos; [...] son cosas del peor gusto posible.[44]

Sin embargo, son precisamente estos elementos de la comedia de magia los que dan un relieve especial y original a la comedia zorrillesca. Es éste un elemento del *Tenorio* que no ha sido estudiado con el detenimiento que merece. Ermanno Caldera sugiere que

> no se puede negar que la atmósfera que envuelve las últimas escenas de la obra de Zorrilla, con su incertidumbre entre lo real y lo aparente, revela un estrecho parentesco con las antiguas comedias de magia: sólo que ahora a la magia grosera de las tramoyas se ha sustituido el hechizo más sutil de la poesía.[45]

Zorrilla adoptó brillantemente, para su obra, elementos de otros dramas y de otros géneros literarios. Los críticos han estudiado *ad nauseum* las varias fuentes del *Tenorio* (Tirso, Zamora, Merimée, Dumas),[46] pero han prestado poca atención a uno de los elementos a mi parecer más importantes, el elemento mágico. Más que nada lo que ha molestado a varios críticos son las supuestas faltas de buen sentido y racionalidad en que el autor incurrió al incluir en su drama tantas escenas fantásticas e improbables, como la escena en que el Comendador entra en el aposento de Don Juan sin molestarse en abrir la puerta cerrada ("la Estatua de Don Gonzalo pasa por la puerta sin abrirla, y sin hacer ruido") o la escena en que las flores y el sauce llorón en la tumba de Inés se convierten en una "apariencia", o cuando "trasparéntase en la pared la Sombra de Doña Inés". Otras escenas parecidas contienen sombras que aparecen, desaparecen y hablan, esqueletos que se mueven, tumbas que se abren y cierran por sí solas, y cenas que consisten en

---

[44] Revilla, p. 454.
[45] Ermanno Caldera, "La última etapa de la comedia de magia", en *Actas del VII Congreso Internacional de Hispanistas*, ed. Giuseppe Bellini, I, Roma, Bulzoni, 1982, p. 253.
[46] Ver los artículos de Leslie, Sedwick y Mandrell ("*Don Juan Tenorio* as *refundición*") y las ediciones del drama preparadas por García Castañeda, Picoche y Fernández Cifuentes.

carne de serpiente, huesos y fuego, todo lo cual tiene poco que ver con el cosmos romántico elaborado en la década anterior en España. Roberto G. Sánchez, en un excelente artículo sobre el drama, reacciona así ante el fin del mismo, cuando don Juan muere a los pies de doña Inés, rodeado de flores y angelitos, y el público ve en las tablas las almas de los dos amantes subir hacia el Cielo:

> What an apotheosis he creates for Don Juan in the final scene! One with celestial music, perfumed flowers, and fluttering cherubs. In short, an extravagant example of nineteenth-century *cursilería* at its worst.[47]

Este "ejemplo extravagante de la cursilería decimonónica" nos parece a la vez divino y absurdo, pero lo hemos aceptado como ejemplo de la intensa emoción romántica que hemos llegado a esperar después de la lectura de obras como las de Martínez de la Rosa, Rivas, García Gutiérrez, Hartzenbusch y otros.

Caldera, sin embargo, se aproxima a una comprensión de las escenas mágicas cuando escribe:

> Non per nulla ricomparirà [il motivo delle statue animate], riverdito e nobilitato, nel *Tenorio* di Zorrilla che si gioverà per l'appunto di una statua parlante—la Sombra di Doña Inés— per sottolineare quel clima di profonda incertezza esistenziale che caratterizza le ultime pagine dell'opera.[48]

¿De dónde viene esta acumulación de fantasmagoría teatral que incluye Zorrilla en un drama que él mismo subtitula como "fantástico-religioso"? Quizá es en los dramas de sus contemporáneos donde tenemos que buscar primero las raíces o los antecedentes de estos efectos fantásticos, y no debería ser difícil encontrar las semillas de su inspiración en los mayores dramas románticos si, como se ha dicho

---

[47] Roberto G. Sánchez, "Between Macías and Don Juan: Spanish Romantic Drama and the Mythology of Love", *Hispanic Review* 44 (1976), p. 43.
[48] Ermanno Caldera, "Sulla 'spettacolarità' delle commedie di magia", en *Teatro di magia*, Roma, Bulzoni, 1983, p. 25.

tantas veces, *Don Juan Tenorio* es el drama romántico por excelencia. Pero el lector descubrirá en seguida que no hay en los dramas de los autores románticos sombras que hablen, almas que vuelen, muros transparentes o flores que desaparezcan. No se encuentra ninguna escena parecida en ningún drama romántico producido en España en la primera mitad del siglo XIX, menos *Alfredo* (1834) de Joaquín Francisco Pacheco (donde aparece brevemente un espectro) y *El trovador* (1836) de García Gutiérrez (donde *se habla* de un vuelo de brujas pero sin que éstas aparezcan en el escenario).

Para descubrir las verdaderas fuentes de estos elementos fantásticos tenemos que volver la vista no, como acabamos de sugerir, a los dramas románticos de la década de 1830, sino a las enormemente populares comedias de magia que dominaron las tablas españolas durante todo el siglo XVIII y que gozaron de gran popularidad hasta mediados del siglo XIX. Tales dramas han sido relativamente desatendidos por la crítica (Caldera y su equipo italiano son la excepción) o desvalorados por su supuesto mal gusto. En opinión de Charles Aubrun,

> la comedia de magia responde al pésimo gusto de un público crédulo, de unos actores histriónicos y de unos dramaturgos sin conciencia fabricantes de literatura al uso. Es mala porque no tiene raíces en la realidad circundante y porque también elude los problemas eternos del hombre y de la sociedad.[49]

Juan Luis Alborg sitúa las comedias de magia "entre los géneros más populacheros y ramplones";[50] sin embargo, como documenta Joaquín Álvarez Barrientos, "las similitudes entre las comedias de magia y los dramas románticos son frecuentes".[51]

[49] Charles Aubrun, "*La Mágica de Nimega*", en *Actas del II Congreso Internacional de Hispanistas*, ed. Jaime Sánchez Romeralo y Norbert Poulussen, I, Nimega, Universidad de Nimega, 1967, pp. 193-198. 2 vols. La cita, en p. 194.

[50] Juan Luis Alborg, *Historia de la literatura española*, IV, Madrid, Gredos, 1980, p. 549.

[51] Joaquín Álvarez Barrientos, ed., José de Cañizares. *El anillo de Giges*, Madrid, Consejo Superior de Investigaciones Científicas, 1983, p. 185.

Los efectos mágicos puestos en escena llegaron a ser muy populares en los siglos XVII y XVIII, y dramas como *El mágico de Salerno* (1715) de Juan Salvo y Vela crearon una especie de paradigma para la comedia de magia en España. Repetidas continuaciones de esta obra, y la creación de toda una nueva serie de obras —en realidad, de un nuevo género— llenaron los teatros madrileños. René Andioc describe muy bien cómo las comedias de magia eran

> las obras populares por excelencia; ricos o pobres, todos acuden a las puertas de los coliseos, y si el porcentaje de ocupación de las localidades caras llega o se avecina al cien por cien durante varios días hasta tal punto que el gráfico se asemeja a una línea horizontal, el de las localidades baratas presenta la particularidad de ser mayor que nunca.[52]

Las comedias de magia —*Don Juan de Espina, Juana la Rabicortona, Brancanelo el Herrero, El anillo de Giges, Marta aparente* y la popularísima *Marta la Romarantina*— continuaron deslumbrando al público hasta ya bien entrado el siglo XIX.

Por eso, cuando Juan de Grimaldi, el director de escena más brillante que tuvo el siglo XIX español, escribía su versión de *La pata de cabra* en 1829 —una comedia de magia destinada a ser la obra teatral más popular y más taquillera de la primera mitad del siglo en España (mucho más que *Don Juan Tenorio*)— conectaba con una larga tradición teatral y una larga experiencia de favorable recepción pública. *La pata de cabra* conoció más representaciones que ningún otro drama puesto en escena en Madrid desde 1829 hasta 1850, e inició el redescubrimiento (nunca perdido, claro está) de la comedia de magia en la década de 1830, la misma década que vio los dramas románticos en los teatros madrileños. Comedias de magia como *El diablo verde, La redoma encantada* y *Los polvos de la madre Celestina* (los dos últimos de Juan Eugenio Hartzenbusch,

---

[52] René Andioc, *Teatro y sociedad en el Madrid del siglo XVIII,* Madrid, Castalia, 1976, p. 49.

autor de la tragedia romántica *Los amantes de Teruel*), proporcionaron grandes cantidades de dinero a los empresarios teatrales de la década.[53]

Todos los autores de la época conocían bien esta tradición teatral. Larra se refería al protagonista de *La pata de cabra* en sus artículos satíricos. Zorrilla conocía bien la situación de los teatros españoles y opinaba que el drama de Grimaldi fue la salvación del teatro español durante la represión fernandina: "...el teatro renació y se regeneraba en manos de un extranjero, Grimaldi, y con una casi inocente estupidez: *La pata de cabra*".[54] En los *Recuerdos* cuenta las inmensas presiones que seguían pesando sobre el teatro después de la muerte de Fernando VII en 1833. Por citar sólo un ejemplo, a fines de los años 1830 y a principios de los años 1840 los teatros sufrían una competencia feroz entre la compañía de actores del Teatro de la Cruz y las representaciones de circo y de ópera, que amenazaban seducir al público y hacer que éste se trasladara del auténtico teatro a espectáculos más divertidos. De nuevo, fue una comedia de magia la que trajo la salvación del teatro. Se nota cómo Zorrilla, en su descripción, relaciona el género de la comedia de magia con su propia iniciación teatral:

> La temporada cómica del 38 al 39, por no sé qué circunstancias fortuitas o premeditadas, iba a pasar sin que hubiese compañía en los teatros de Madrid. Lombía, asociado con Luna, Pedro López, las Lamadrid y otros, se presentaron en época avanzada, con las más sinceras protestas de modestia, a llenar como mejor pudiesen aquel vacío. Estimóselo el público, y quedó constituida en compañía aquella sociedad, para la temporada del 39 al 40. *La redoma encantada* fue para ella "la gallina de los huevos de oro", y en aquel año cómico presenté yo mis tres primeras comedias.[55]

---

[53] Otros detalles se encuentran en David T. Gies, "'Inocente estupidez': *La pata de cabra* (1829), Grimaldi and the Regeneration of the Spanish Stage", *Hispanic Review*, 54, 1986, pp. 375-396, y David T. Gies, *Theatre and Politics in Nineteenth-Century Spain*, Cambridge, Cambridge University Press, 1988.

[54] *Recuerdos del tiempo viejo*, p. 2004.

[55] *Recuerdos del tiempo viejo*, p. 1808.

Uno de los nuevos periódicos teatrales del día, *El Entre-acto,* del cual Zorrilla era uno de los fundadores, publicó una reseña favorable de *La redoma encantada* el 31 de octubre de 1839 ("linda composición", "una obra maestra") y usó para su primer grabado uno de Antonio Guzmán en su papel más famoso, esto es, en el de don Simplicio Bobadilla Majaderano Cabeza de Buey, de *La pata de cabra.* Así, el espectáculo y la magia estaban por estos años profundamente incrustados tanto en la mentalidad popular como en los mismos autores dramáticos. La gente conocía las comedias de magia, exigía su repetición en las tablas y asistía más asiduamente a sus representaciones que a las de los dramas de intención más seria. Zorrilla tuvo la oportunidad de ver estas comedias de magia o leerlas porque varias de ellas se representaron en los primeros años de la década de 1840. Por las carteleras teatrales, por ejemplo, sabemos que *La redoma encantada* y *Los polvos de la madre Celestina* se representaron en Madrid en 1839, 1840, 1841, 1842 y 1843. Asimismo, *Las Batuecas,* otra comedia de magia del mismo Hartzenbusch, se representó cinco veces en 1843 y dos más en febrero de 1844. *La pluma encantada* de Bretón de los Herreros se vio en múltiples representaciones en Madrid en 1841. Lo mismo se puede decir de la popularidad de las comedias de magia en las provincias.

Ya será obvio para el lector de *Don Juan Tenorio* —como lo fue para el reseñador de la obra en *El Laberinto* (16 de abril de 1844), que acusa a Zorrilla de "tocar con aquella superabundancia de transformaciones en los excesos de las comedias de magia"— que el autor de la obra conoció bien la tradición de aquellas comedias y la integró en su "drama religioso-fantástico". Zorrilla conquistó el favor popular y se puso de moda con una enorme dosis de espiritualidad, teatralidad y talento poético: la magia en combinación con el romanticismo. Si los espectros y fantasmas forman parte del lenguaje gótico de la época romántica, Zorrilla transforma su uso en ideología más burguesa que romántica. Descubrió una combinación no desarrollada antes en el teatro español, enlazando las dos tendencias más populares de su época en lo que podría llamarse un nuevo híbrido teatral: la comedia de magia romántica. El hechizo mágico de esta obra no es sólo un hechizo poético, sino un hechizo ideológico, puesto que lo que muestra es el poder sobrenatural del poder divino. Zorrilla ha adoptado el mundo sobrenatural de la comedia de magia para expresar su nueva ideología burguesa. No tuvo trascendencia el género, pero no importa: la obra de Zorrilla ha trascendido todos los géneros y todas las épocas desde su estreno hace ya más de siglo y medio.

Zorrilla, pirómano

Como ha notado Aurora Egido con su acostumbrada astucia, "el *Tenorio* utiliza ampliamente las imágenes del fuego amoroso...."[56] En esta sección vamos a investigar el brillante uso que hace Zorrilla de las imágenes de la llama, el fuego y el volcán en esta obra. Como veremos, Zorrilla transforma el fuego infernal de Tirso en un fuego divino romántico y post-romántico, en un fuego purificador que apaga el fuego condenatorio de sus antecedentes literarios.

En su libro *The Political Unconscious* Frederic Jameson sugiere que el público (sea lector o espectador) va desde lo individual y simbólico hacia lo colectivo y universal.[57] Visto desde esta perspectiva, el fuego en *Don Juan Tenorio* forma parte — parte esencial, clave — de lo que Jameson llamaría una "ideología del deseo".[58] Es decir, el trazar el uso de una importante familia de imágenes puede revelarnos algo nuevo sobre la narrativa de una obra que, guste o no, permanece como un "producto cultural colectivo"[59] en el mundo moderno español.[60] Como se sabe, una imagen es la representación

---

[56] "Sobre la demonología", p. 53.

[57] Frederic Jameson, *The Political Unconscious. Narrative as a Socially Symbolic Act*, Ithaca, Cornell University Press, 1981, p. 34.

[58] Jameson, *The Political Unconscious*, p. 67.

[59] "collective cultural product", Timothy Mitchell, *"Don Juan Tenorio as Collective Culture"*, en *Violence and Piety in Spanish Folklore*, Philadelphia, University of Pennsylvania Press, 1988, p. 170.

[60] Esta interesante idea se desarrolla también en Judith Arias, "The don Juan Myth: A Girardian Perspective", *Modern Myths*, ed. David Bevan, Amsterdam, Rodopi, 1993, pp. 23-59.

plástica de una idea, y es en el romanticismo donde aquella plasticidad cobra su fuerza más volcánica. Nadie como Zorrilla sabe transformar aquella plasticidad en forma poética. El autor fabrica un mundo de imágenes que revelará una profunda —quizá intuitiva— y nueva visión poética.

Empecemos donde hay que empezar, no por el principio sino por el medio. Casi exactamente en el centro del drama —versos 2025-2030 de su totalidad de 3815 versos— Zorrilla, el "pirómano" del título de esta sección, enciende su primer fuego. De los labios de Brígida sale la siguiente explicación a doña Inés, medio desmayada, confusa de encontrarse en una casa desconocida ("¿dónde estamos?" pregunta dos veces, vv. 2012 y 2017). Le contesta Brígida con una mentira:

> Escuchad.
> Estabais en el convento
> leyendo con mucho afán
> una carta de don Juan,
> cuando estalló en un momento
> un incendio formidable.   (2025-2030)

En estas palabras de Brígida, este importante incendio va conectado conscientemente con el nombre de don Juan, futuro amante y posible seductor de la joven inocente. El incendio —"espantoso, inmenso" (v. 2031) según Brígida— les sorprende a las inocentes mujeres en el convento, y las llamas lamen lascivamente la cama de la pobre novicia. Como resultado de este terrorífico fuego, pierden consciencia, vida incluso, las dos mujeres. Brígida continúa:

> Las dos
> con la carta entretenidas,
> olvidamos nuestras vidas,
> yo oyendo y leyendo vos.
> Y estaba, en verdad, tan tierna,
> que entrambas a su lectura
> achacamos la tortura
> que sentíamos interna.
> Apenas ya respirar
> podíamos, y las llamas
> prendían ya en nuestras camas   (2034-2044)

Las llamas se acercan a la cama de doña Inés, posible víctima que se sacrifica en un incendio inesperado, no controlado y claramente erótico. Es precisamente en ese momento, en el momento en que "las llamas / prendían ya en nuestras camas" cuando llega don Juan para salvarla, según Brígida. Las llamas amenazan *abrasarla* (v. 2051) pero don Juan se acerca para *abrazarla* y llevarla de una celda caliente a una casa igualmente caliente. El fuego se convierte en tacto, llama hecha carne. (Y notemos que, por el seseo sevillano, las dos palabras, "abrazar" y "abrasar", se realizan fonéticamente [abrasár]).

Brígida teje con infinito cuidado una red verbal en la que capta a su inocente víctima doña Inés; es ella la que lleva el mechero de Zorrilla en sus palabras, cosa reconocida, si solo inconscientemente y de una manera parcial, por los críticos. Judith Arias, en su inteligente estudio girardiano de *Don Juan Tenorio*, dice (la traducción del inglés es mía) que "Brígida gana la guerra cuando sus palabras *inflaman* a la niña con el amor de un hombre que sólo ha visto a distancia en una ocasión".[61] Otros críticos emplean el mismo lenguaje incendiario para describir a Zorrilla, el "encendido" autor de "encendidos" versos.[62]

Como ha indicado Luis Fernández Cifuentes en su nueva edición del drama, el papel que recoge el Comendador en el convento (I, iv, 9) es la misma carta que escribe don Juan al levantarse el telón ("¡mal rayo me parta / si en concluyendo la carta / no pagan caros sus gritos!" vv. 2-4). Y es aquella carta el primer objeto que quema a doña Inés al caerse del libro traído por Brígida. La carta, extensión física de la mano de don Juan, contiene toda la calentura y fuego del amante seductor.

---

[61] Judith Arias, "The Devil at Heaven's Door: Metaphysical Desire in *Don Juan Tenorio*", *Hispanic Review* 61 (1993), p. 26.

[62] Antonio Sierra Corella, "El drama *Don Juan Tenorio*: Bibliografía y comentarios", *Bibliografía Hispánica* 3 (1944), p. 193.

BRÍGIDA.	¿Qué es lo que os da?

BRÍGIDA.   ¿Qué es lo que os da?
DOÑA INÉS.   Nada, Brígida, no es nada.
BRÍGIDA.   No, no; si estáis inmutada.
                (Ya presa en la red está.)
                ¿Se os pasa?
DOÑA INÉS.   Sí.
BRÍGIDA.   Eso habrá sido
                cualquier mareíllo vano.
DOÑA INÉS.   ¡Ay! Se me abrasa la mano
                con que el papel he cogido.   (1596-1603)

Así, doña Inés se quema al coger el papel preparado por don Juan.[63] Allí, dentro de la hoja en la que están inscritas las palabras que le van a afectar como un veneno, como un filtro, reside la llama amorosa que la inmolará. Las llamas producen humo —"mil sombras desconocidas / que me inquietan vagamente" (1610-1611)—. La segunda línea de la carta del seductor convierte aquel fuego abrasador en luz del sol, igualmente capaz de quemar las alas de la nueva Ícara ("paloma" la llama, v. 1650) que vuela demasiado cerca de él ("Luz de donde el sol la toma, / hermosísima paloma / privada de libertad ..." 1649-1651).

Don Juan sigue tejiendo las imágenes incendiarias en su caliente carta. Tiene absoluta confianza en el poder abrasador de sus palabras. Su amor comenzó como una "chispa ligera" (1669) y crece en fuerza hasta convertirse en "hoguera" (1670) y en "llama... inextinguible" (1672-1673). Es más: el fuego crece y se transforma en algo "terrible" y "voraz". Él confiesa:

De amor con ella en mi pecho
brotó una chispa ligera,
que han convertido en hoguera
tiempo y afición tenaz;
y esta llama que en mí mismo
se alimenta inextinguible,
cada día más terrible
va creciendo y más voraz.   (1668-1675)

---

[63] Esta "carta abrasada" se repite en otros dramas posteriores, por ejemplo en *Un drama nuevo*, de Tamayo y Baus (III, 7).

Desde tiempos mitológicos, el fuego de los dioses es la fuente de la vida humana. Prometeo roba el fuego del Olimpo para entregárselo a los mortales, iniciando una serie de catástrofes de las que el hombre nunca se recupera. (En algunas versiones del mito, Prometeo es incluso un dios griego del fuego.[64]) Prometeo se convierte a lo largo de los años en el último héroe romántico por su audacia, y por su bizarría y altivez frente al injusto castigo que sufre al estar encadenado en el monte Cáucaso, donde un águila le roe el hígado todos los días eternamente. Desde Ovidio (*Metamorfosis* I, 492-96 y XIV, 24-26), el fuego es la imagen que se usa para expresar la intensidad de la pasión amorosa, imagen igualmente repetida en la *Eneida*. La equivalencia *amor-fuego* es vulgar, tópico repetido con frecuencia en las obras de Lope —inspirado éste en Ficino y Pico della Mirandola, entre otros—. Lo mismo se nota en las poesías líricas de Calderón, en la *Tercera parte de la Celestina* (de Gaspar Gómez de Toledo), y en otras muchas obras. Quizás el uso más interesante, o por lo menos el que nos interesa aquí, es el de los poetas místicos, en particular Santa Teresa y San Juan de la Cruz. Es este elemento místico el que volverá a emplear Zorrilla al invertir el paradigma romántico a mediados del siglo XIX. Como explica Fernández Cifuentes, "la imagen tradicional del fuego amoroso, que tanto se prodiga en estos versos, adquiere aquí otros matices: la contamina de ambivalencia el fuego infernal que aparece al final del drama".[65]

Volvamos a Zorrilla. La primera mención de "fuego" en el *Tenorio* se produce —no nos sorprenderá— en labios de don Juan, y precisamente en el momento en que empieza a explicar sus hazañas durante el año —el plazo— que ha transcurrido entre el comienzo de la apuesta con don Luis y este momento cul-

---

[64] Constantino Falcón Martínez, *Diccionario de mitología griega,* Madrid, Alianza, 1990, II: 541.
[65] *Don Juan Tenorio*, p. 128, nota.

minante en la fonda del Laurel en Sevilla. Para don Juan, el amor y la violencia se relacionan. Dice:

> Donde hay soldados hay juego,
> hay pendencias y amoríos.
> Di, pues, sobre Italia luego
> buscando a sangre y a fuego
> amores y desafíos. (451-455)

Pero de aquí la antorcha pasa a Brígida, y el fuego no vuelve a mencionarse hasta el momento en que tiene lugar el importante coloquio entre ella y Don Juan (que Fernández Cifuentes titula, con gran perspicacia, el momento del "seductor seducido").[66] Brígida empieza a encender la hoguera que quemará a los dos amantes. Con aparente sencillez, le explica a Don Juan el efecto que han tenido sus palabras en el corazón de doña Inés.

> En fin, mis dulces palabras,
> al posarse en sus oídos,
> sus deseos mal dormidos
> arrastraron de sí en pos;
> y allá dentro de su pecho
> han inflamado una llama
> de fuerza tal, que ya os ama
> y no piensa más que en vos. (1298-1305)

Éste es un momento de gran trascendencia en la obra. Don Juan se da cuenta, por primera vez, de que Doña Inés le ama con "una llama / de fuerza tal" que le domina todo el pensamiento. Don Juan acepta las mismas imágenes que le ha regalado Brígida. Entra en el juego, otro juego distinto del que elaboró con don Luis (menciona la apuesta en el v. 1310). El juego es doble, el fuego es doble: enciende el co-

---

[66] La cabecera de las páginas de su edición lleva títulos puestos por el editor como guía para el lector.

razón de Inés y al mismo tiempo quema el corazón de
don Juan. Dice:

> Tan incentiva pintura
> los sentidos me enajena,
> y el alma ardiente me llena
> de su insensata pasión.
> Empezó por una apuesta,
> siguió por un devaneo,
> engendró luego un deseo,
> y hoy me quema el corazón.   (1306-1313)

Pero aún hay más: don Juan convierte estas imágenes en
imágenes satánicas y sulfúreas que nos abren la posibilidad
no de una eterna salvación, sino de una eterna condenación.
El fuego en el claustro (fuego divino, místico, pero todavía
metafórico) se convierte en fuego infernal:

> Poco es el centro de un claustro;
> ¡al mismo infierno bajara,
> y a estocadas la arrancara
> de los brazos de Satán!   (1314-1317)

Don Juan introduce las llamas del infierno en un lugar
sagrado, en la casa de Dios. Este incendio es la destruc-
ción del Paraíso, la caída del hombre en el pecado y el
signo de la presencia diabólica. Enajenación, alma ardiente, Satanás: está clarísimo que el autor presenta en estos
momentos el paradigma romántico, el trayecto ya elaborado con tanta claridad por los autores de dramas como *La
conjuración de Venecia, Don Alvaro o la fuerza del sino,
El trovador* o *Carlos II el hechizado*, o por la profunda
poetización satánica de *El estudiante de Salamanca* y *El
diablo mundo*. El público sabe —o cree saber— la ruta
iniciada por este héroe romántico, una ruta que le llevará
al infierno romántico, a la condenación revolucionaria y
existencial que representan los dramas "románticamente
románticos"[67] de la última década en España. Antes de

---

[67] Descripción de *Don Álvaro* publicada en *El Correo de las Damas* (22 marzo
1835).

introducir a Satanás en la celda de doña Inés, el Tenorio prepara sutilmente el ambiente con dos referencias satánicas ("Belcebú", v. 781 y "Satanás" v. 783). El espectador ya tiene una asociación subconsciente que le conecta con los demonios y con el diablo.

Pero hasta aquí sólo tenemos las primeras chispas de una hoguera que corre el peligro de consumir a los dos protagonistas. En efecto, el fuego primeramente elaborado por don Juan y Brígida cobra mucha fuerza y se convierte en hoguera en la famosa carta. Doña Inés, a solas con Brígida en su celda, por fin descubre y lee la carta que su seductor le escribió en la fonda, una carta que ya contenía la chispa incendiaria. Esta carta, comenzada antes de abrirse el drama que estamos viendo, establece ya el paradigma que dirige tanto la acción como las metáforas de toda la obra.[68] A través de la carta, ambos protagonistas tienen presencia en la escena —doña Inés en persona y don Juan en palabra—. Aquellas palabras *llaman* (" y que a tus pies volaría/ si le llamaras a ti", le escribe don Juan [vv. 1718-1719]) y se convierten en *llamas*. La carta contiene todo el fuego necesario para quemar la inocente alma de la novicia y para preparar el próximo paso, que ya hemos visto, hacia el "verdadero" incendio del convento, del cual "salva" don Juan a doña Inés. Esta salvación será el reverso de la otra salvación que se efectuará al final del drama.

Abramos la carta. Escuchemos las palabras de don Juan. Palabras de don Juan, aliento de doña Inés. Las palabras salen de la boca de doña Inés como saldrán las almas de los dos amantes al concluir su drama sentimental cinco años más tarde. El autor (del drama, de la carta) espera dos estrofas antes de sacar el mechero. Una leve "chispa" no tarda en convertirse en "hoguera" de "llamas". Escribe, como ya hemos visto:

> De amor con ella en mi pecho
> brotó una chispa ligera,

---

[68] Ver Pérez Firmat para el análisis de la carta.

> que han convertido en hoguera
> tiempo y afición tenaz;
> y esta llama que en mí mismo
> se alimenta inextinguible,
> cada día más terrible
> va creciendo y más voraz.   (1668-1675)

Así, la autoinmolación del héroe viene por palabras convertidas en llamas, palabras como chispas que encienden una llama incontrolable, "inextinguible", que pierden control y se convierten en hoguera. La hoguera luego se transforma en una de las imágenes más conocidas del mundo romántico, el volcán. Inés sigue leyendo, voz de ella, voz de él:

> En vano a apagarla
> concurren tiempo y ausencia,
> que doblando su violencia,
> no hoguera ya, volcán es.   (1680-1683)

El volcán es imagen conocida en la época barroca, claro está, pero también es imagen típicamente romántica, elaborada desde fines del siglo XVIII para expresar el nuevo espíritu revolucionario de la época y empleada en formas prefreudianas de inmenso poder simbólico. El volcán calderoniano es el volcán tradicional, es decir, el infierno, residencia del demonio que explota y rompe la corteza de la tierra para liberar las fuerzas del Mal (la pasión amorosa, la violencia y la lujuria, entre otras cosas). La corteza de la tierra barroca controla ese mal infernal y prohíbe, mientras puede, la llegada del mal al mundo. Como ha explicado brillantemente Javier Herrero, el mito que domina el teatro calderoniano es el mito de la caída del Hombre en el Paraíso. He aquí sus palabras:

Lucifer se había rebelado contra la voluntad divina, había luchado una batalla en el cielo y había sido derrotado y lanzado a una morada subterránea de fuego, tinieblas y desesperación, situada en el centro de la tierra. El monte que se cierne sobre el Paraíso es el signo de la presencia de Lucifer y de su arrogante desafío… Sólo mediante la caída de Eva podrá su iracunda energía romper el monte y lanzarse sobre el mundo. Esta irrupción es señalada por dos poderosos actos destructivos: un volcán y una tormenta marina.[69]

Este volcán simboliza el caos elemental que es el resultado del pecado humano —pecado que rompe la armonía cósmica y divina—. "[La] dimensión trascendental del pecado es presentada como una explosión volcánica" en el teatro de Calderón, según Herrero.[70] Es más:

> Cuando la Caída tiene lugar, esa catástrofe (la entrada del mal en el mundo y el ataque de las tinieblas contra el Sol) se representa metafóricamente mediante la explosión del monte; explosión, por supuesto, que equivale a la erupción del volcán.[71]

Así es exactamente como representa Zorrilla la introducción de Don Juan en su drama. Escuchemos de nuevo las palabras de don Juan en su carta:

> En vano a apagarla
> concurren tiempo y ausencia,
> que doblando su violencia,
> no hoguera ya, volcán es. (1680-1683)

Pero la imagen del volcán no salta de Calderón a Zorrilla, sino que pasa por varias importantes etapas en la literatura europea. El mismo Herrero ha estudiado esta imagen en cuatro autores clave del romanticismo europeo: Rousseau (*La Nouvelle Héloïse*), Goethe (*Werther*), Chateaubriand (*René*) y Lord Byron. En *La Nouvelle Héloïse* Julia muere alegre, pensando que por fin podrá reunirse con su amado, es decir, con Saint-Preux, un hombre de carne y hueso convertido en alma, en amor

---

[69] Javier Herrero, "El volcán en el Paraíso. El sistema icónico del teatro de Calderón", *Co.textes* 3 (1982), pp. 59-107; la cita, en p. 60.
[70] Herrero, "El volcán en el Paraíso", p. 75.
[71] Herrero, "El volcán en el Paraíso", p. 77.

puro. En sus ojos brilla "un fuego sobrenatural"[72] que negará el modelo místico-religioso (casamiento con el Amado, con Dios) que dominaba la literatura hasta mediados del siglo XVIII. Esta negación será la clave conceptual que caracterice la interpretación romántica del amor. "Julia no espera reunirse con Dios, sino con Saint-Preux".[73] Su amor abre paso a la rebelión amorosa, social y política que domina el romanticismo europeo. René, de pie sobre el Etna en la obra de Chateaubriand, exclama que aquel volcán es su alma, y se identifica conscientemente con esta fuerza natural que explota en fuego. Byron también identifica su amor ardiente con el mismo Etna. Es decir, mientras que para el hombre barroco la explosión volcánica se identifica con la irrupción diabólica, de modo que Satán-fuego rompe la represiva corteza de leyes divinas y humanas que constituyen el mundo ético (la civilización cristiano-monárquica) creador de la cultura, el romántico se identifica precisamente con el explosivo fuego, su yo es el yo-satánico, y la corteza opresiva es la misma serie de leyes (esa civilización monárquico-cristiana exaltada por Calderón), pero que es vista ahora como tiránica opresión. Al triunfar el ideal de rebelión sobre el de sumisión, el fuego explosivo ha pasado del caído espíritu de Satán al alma gloriosa del héroe romántico.

El uso romántico de la imagen difiere, pues, enormemente del uso barroco, por la sencilla razón de la enorme diferencia que existe en el sistema lingüístico español de antes y de después de la Revolución francesa. Es decir, la llegada de la literatura gótica inicia el empleo literario de un lenguaje igualmente gótico, que será el sistema léxico que domine la literatura de la época romántica.

Esto es lo que vemos en Martínez de la Rosa, en Larra, en Rivas, en García Gutiérrez, en Hartzenbusch, en Gil y

---

[72] Citado por Javier Herrero, "Romantic Theology: Love, Death and the Beyond", en *Resonancias románticas: Evocaciones del romanticismo hispánico*, ed. John R. Rosenberg, Madrid, Ediciones José Porrúa Turanzas, 1988, pp. 1-20; la cita, en p. 4.

[73] Javier Herrero, "Romantic Theology", p. 7

Zárate, en Espronceda. La pobre Elvira, en *Macías* de
Larra, sufre igualmente este poder volcánico del amor que
la abrasa. Dice:

> Sí, perdona.
> Soy mujer, y soy débil; ni depende
> ser más fuerte de mí. Yo bien quisiera,
> en mi encerrado pecho sepultando
> tanto culpable amor, que nada el mundo
> del volcán que me abrasa trasluciera   (I, 4)[74]

Uno de los ejemplos más claros —y menos conocidos—
del uso del volcán en la literatura romántica española está
en *Alfredo*, de Joaquín Francisco Pacheco. El autor toma
esta importante imagen y le da un valor plástico. Al abrir el
quinto acto, una acotación nos informa: "Abre una ventana
del fondo, y aparece el volcán ardiendo. Relámpagos y
truenos. Vuelve a cerrar".[75] En el momento en que Alfredo
le dice a Berta "yo soy tu mal genio, como tú lo eres el
mío" (p. 222), y declara, en términos altamente zorrillescos,
"estamos irrevocablemente unidos...¡el cielo o el infierno
han de ser para los dos!" (p. 222), la ventana del fondo se
abre "de golpe" al estampido de unos truenos que se han
oído desde el comienzo del acto, y "entran los relámpagos:
arde el volcán." El fuego volcánico penetra la habitación
como el órgano sexual del seductor. La plasticidad del
amor erótico, incestuoso, entre Alfredo y Berta, no puede
ser más clara. La erupción volcánica es la explosión sexual,
el orgasmo masculino (reflejado en la Naturaleza —antes,
Ricardo [el padre de Alfredo] había gritado: "¡Cómo brama
la tempestad! Parece que batallan todos los elementos...
que el universo entero se conmueve como mi corazón!"
([p. 209]). Alfredo, al no poder consumar aquel ilícito

---

[74] Al ver a Elvira, Macías proclama: "...tus ojos, tu llanto, tus acentos, / tu agitación, tu fuego, en que me abraso, / dicen al corazón que tus palabras / mienten
ahora [...]. / Tú, Elvira, y cuando lloren sangre y fuego / mis abrasados ojos, ¡ah!,
¡gozando / otro estará de tu beldad!" (IV, 3). Mariano José de Larra, *Macías*, eds.
Luis Lorenzo-Rivero y George Mansour, Madrid, Espasa-Calpe, 1990.

[75] Joaquín Francisco Pacheco, *Alfredo, drama trágico en cinco actos,* en *Literatura, historia y política*, Madrid, San Martín y Jubira, 1864, pp. 89-225; la cita,
en p. 204.

amor, saca una daga y se mata, gritando: "¡Maldición sobre mí!" (p. 225).

Este mismo valor plástico, explosivo, erótico, del volcán también figura en Zorrilla, en la escena que culmina la primera parte. El pistoletazo dado por don Juan a don Gonzalo es esa misma explosión erótica, un volcán horizontal, que ya nos indica el comienzo del fin del drama donjuanesco. Las llamas del amor se convierten en llamas de aire, y (una vez más) el fuego se convierte en palabras:

> Y tú, insensato,
> que me llamas vil ladrón,
> di en prueba de tu razón
> que cara a cara te mato.   (2608-2611)

A través del amor romántico (poder, rebelión, fuego) el individuo podrá librarse de los poderes del Antiguo Régimen. El héroe romántico lucha por un nuevo orden político y social, un orden en el cual el individuo puede expresarse y vivir libremente. Éste es el romanticismo que heredó Zorrilla. Pero ¿qué hizo nuestro autor con aquella herencia?

Dos veces habla don Juan del volcán. La primera, que ya hemos visto, describe el ardiente amor que reside en su pecho, amor violento que él no puede controlar. Éste es el amor romántico, y su pecho se abre al poder de aquella pasión. Es más: su amor ya no es meramente apasionado, sino violento, incontrolable ("doblando su violencia, / no hoguera ya, volcán es"). Pero el volcán violento, erótico, no es el incendio que quiere Zorrilla defender. Volverá a invertir el concepto en su vuelta al Antiguo Régimen: volverá al concepto antiguo, al alma reunida (en amor espiritual, claro está) con Dios. Nuestro autor no sólo impone el orden a su héroe, sino que también le brinda redención, elemento inconcebible en los otros héroes románticos. Sin embargo, no será la redención del amor romántico, sino la de una sociedad ordenada y de una salvación cristiana. ¿Cómo expresa Zorrilla esta vuelta a los valores pre-románticos, pre-revolucionarios? Sencillamente, con el mismo volcán, que vuelve a aparecer en la escena en que el héroe penetra en el panteón de la familia Tenorio. Ahora ya no es un volcán amoroso, un volcán identificado con el amor de don Juan. Vemos la transformación de la imagen en algo que no da fuerza a don Juan, sino que le amenaza y le confunde:

> ¡Oh! Arrebatado el corazón me siento
> por vértigo infernal..., mi alma perdida
> va cruzando el desierto de la vida
> cual hoja seca que arrebata el viento.[76]
> Dudo..., temo..., vacilo..., en mi cabeza
> siento arder un volcán..., muevo la planta
> sin voluntad, y humilla mi grandeza
> un no sé qué de grande que me espanta.   (3608-3615)

El desplazamiento de la imagen señala de forma indudable el regreso a la conformidad, a esa sumisión al orden que caracterizaba a los valores tradicionales. Don Juan ya no representa el volcán sino que se siente amenazado por su poder, y a lo largo del último acto de la Segunda Parte veremos cómo la fuerza volcánica que expresaba la energía del héroe se transforma de nuevo en fuego infernal, y más tarde, purificado el espíritu por la Fe, es decir, tras su aceptación del orden, el fuego volcánico sufre una final y mística transformación, y sus llamas, perdida ya la fuerza explosiva, ascienden dulcemente al Paraíso.

Pero primero volvamos a doña Inés, a quien hemos dejado, recién rescatada del incendio, en el convento.[77] Si es cierto lo que escribe Herrero, que "el resultado de la seducción de Eva fue la explosión volcánica que destruyó al Paraíso y que implicaba el triunfo del caos de los elementos sobre la armonía de la creación",[78] la seducción de doña Inés amenaza aquella misma armonía cósmica. Las llamas

---

[76] La imagen de la hoja seca arrebatada por el viento es muy romántica, y fue explotada por Espronceda, entre otros. Ver David T. Gies, "Visión, ilusión y el sueño romántico en la poesía de Espronceda", *Cuadernos de Filología* 3 (1983), pp. 61-84.

[77] Este incendio nos recuerda el incendio del palacio que domina el final de *A secreto agravio, secreta venganza*, de Calderón. "En cierto modo esta tragedia podría verse como el crecimiento de ese fuego inicial hasta convertirse en el volcán que, en el desenlace, destruirá a Leonor, don Lope, su palacio y, simbólicamente, el reino entero". Herrero, "El volcán en el Paraíso", pp. 97, 98.

[78] Herrero, "El volcán en el Paraíso", p. 102.

verbales —metafóricas— cobran plasticidad (inventada) al
desmayarse doña Inés en el "incendio" (inventado) del convento. Naturalmente, no es el convento el que se quema,
sino ella, y su seductor/salvador será el mismo Don Juan.
Esto nos lleva de nuevo hacia el centro del drama y la mentira de Brígida, que ya hemos escuchado:

> Estabais en el convento
> leyendo con mucho afán
> una carta de don Juan,
> cuando estalló en un momento
> un incendio formidable.   (2025-2030)

Poco después, don Juan penetra en la sala y pronuncia los
famosos versos de la escena del sofá, versos que ya no
puede resistir la inocente (pero ardiente) Inés. Él la llama
"estrella" (v. 2202) —un fuego celestial, una chispa nocturna-
na de luz— y nota el "encendido color" (v. 2210) de su
semblante. Ella le implora que se calle, porque "mi cerebro
enloquece / y se arde mi corazón" (vv. 2230-2231). Don
Juan es perfectamente consciente del poder de sus palabras.
Ya preparada, incendiada, caliente, ahora doña Inés escucha
otras palabras —¿otra mentira?— de su amante, palabras
que tejen las mismas imágenes en una tela de seducción:

> no es esa chispa fugaz
> que cualquier ráfaga apaga;
> es incendio que se traga
> cuanto ve, inmenso, voraz.   (2272-2275)

Primero el incendio del convento y luego el incendio de
las palabras apasionadas de don Juan: doña Inés arde con
imposible amor, con ardiente pasión que, sin la intervención divina, la quemará con fuego infernal. Don Juan parece apagar el fuego metafóricamente al saltar al río al final
de la primera parte, pero no es así. No es Inés la que es
amenazada por el fuego infernal, sino el mismo don Juan.

Al abrirse la Segunda Parte, don Juan va en busca de la
mansión familiar y descubre el panteón. El escultor le

explica la historia de la familia, y describe al malvado hijo
de don Diego en términos que ahora no nos sorprenden:
"Tuvo un hijo este don Diego / peor mil veces que el fuego,
/ aborto del abismo" (vv. 2709-2711). Don Juan es el
fuego. Poco después, en el mismo panteón, sentirá "arder
un volcán" (v. 3613) y al "llamar" (juego de palabras que
no nos debe dejar de "llamar" la atención) al sepulcro del
Comendador descubre una mesa que contiene "flores y
lujoso servicio, culebras, huesos y fuego..., un plato de
ceniza, una copa de fuego y un reló de arena" (acotación
entre vv. 3644 y 3645). La copa de fuego es la metáfora
que revela el alma de don Juan[79]: beberá el fuego que
incendiará su alma inmortal, el fuego "de la ira omnipotente / do arderás eternamente" (vv. 3681-3682). Es la Estatua
del Comendador la que le da el golpe mortal al dejarle descubrir que todas las imágenes de fuego, volcán, llamas y
demás, que hemos venido asociando con don Juan, se van a
convertir en ardiente realidad: no sólo sufrirá don Juan los
fuegos infernales, sino que se convertirá en ellos:

> DON JUAN.   ¿Y qué es lo que ahí me das?
> ESTATUA.   Aquí fuego, allí ceniza.
> DON JUAN.   El cabello se me eriza.
> ESTATUA.   Te doy lo que tú serás.
> DON JUAN.   ¡Fuego y ceniza he de ser!   (3672-3676)

Pero don Juan no puede aceptar esta apocalíptica condena,
esta extinción de su ser mediante el fuego: "Ceniza, bien;
¡pero fuego!" (v. 3680), grita. La luz, el fuego, el volcán de
don Juan se transforman en ceniza, en la última extinción no
sólo de su pasión sexual, sino de su misma existencia. Puede
aceptar su transformación en ceniza. Lo que no puede tolerar
es su transformación en fuego, es decir, su condenación a
arder eternamente en el fuego infernal. El volcán, que ya no

---

[79] La "copa de fuego" es, de nuevo, una favorita imagen barroca. Simboliza la
antítesis infernal del "copón" que usa el cristiano, en la comunión, para purificar-
se con la sangre de Cristo. Como "copa" de las fiestas de la carne, en que se bebe
el vino que enciende las pasiones dionisíacas, se convierte en una especie de
comunión diabólica. De ahí que, en Calderón, con frecuencia surjan de ella víbo-
ras (por supuesto, imágenes de la serpiente del Paraíso).

representa su espíritu seductor y rebelde, ahora se le enfrenta y le amenaza. Éste es el golpe mortal: don Juan se convertirá en el fuego, identificado con el elemento destructor; sufrirá eternamente con él. Como apropiado castigo, se convertirá precisamente en el mismo elemento que usó para seducir a doña Inés. El fin se acerca.

Sin embargo, Zorrilla no puede abandonar la imagen que tan tenazmente ha empleado para construir un sistema icónico en su obra. No puede abandonar a don Juan en una condenación tan catastrófica: vuelve a las llamas en los últimos momentos del drama, pero ahora las emplea de una manera radicalmente distinta de la que venía empleando a lo largo de su caliente obra. No ha querido condenar a don Juan, ni en la primera parte ni en la segunda, y así recoge la imagen dominante de la obra —el fuego que hemos venido estudiando— y nos sorprende con un golpe de teatro inesperado. Zorrilla no es Tirso. Como observa Edita Mas-López, "el don Juan de Tirso, habiendo vivido por la pasión (fuego), debe morir por el fuego",[80] pero Zorrilla transforma el fuego infernal de Tirso en fuego divino, en fuego purificador en vez de fuego condenatorio. Cuando ya sabemos que don Juan confiesa su maldad, se arrepiente y acepta la gracia divina en forma del amor de doña Inés —que extiende la misma mano que años atrás se quemó, se abrasó al tocar la carta, esa mano que ahora "asegura / esta mano que a la altura / tendió tu contrito afán" (vv. 3771-3773)—, Zorrilla termina la obra con un juego mágico y con una acotación que convierte las llamas infernales que han amenazado carbonizar a todas las personas de la obra en dos *llamas* que ascienden hacia el Cielo, almas transformadas en fuego divino:

> Cae don Juan a los pies de doña Inés, y mueren ambos. De sus bocas salen sus almas representadas en dos brillantes llamas, que se pierden en el espacio al son de la música. Cae el telón.

Así, tanto doña Inés como don Juan son víctimas de la

[80] Edita Mas-López, "El don Juan del romanticismo poético del siglo XIX y el don Juan realista del siglo XX", *Letras de Deusto* 15 (1985), p. 159.

piromanía de Zorrilla, encendidos los dos por las llamas de la pasión y finalmente convertidos plásticamente en llamas; es decir, la integración de la metáfora verbal con la representación plástica de aquella metáfora.[81] Mircea Eliade nos dice que el acto de pasar por fuego representa la trascendencia simbólica de la condición humana.[82] Esto es exactamente lo que ha representado Zorrilla en *Don Juan Tenorio*: la condición humana transformada por el fuego en algo divino, eterno. Lo único que puede dominar el fuego volcánico es la vuelta del bien, visto por Zorrilla como el amor espiritual y divino. Don Juan arde en llamas eróticas que tras estallar en poder volcánico se transforman en llamas divinas. Don Juan y doña Inés contestan a la "llamada" del cielo (el son "de una música dulce y lejana") y suben al cielo transformados en llamas. El brillante uso de imágenes pirotécnicas de chispa, fuego, llama y volcán en *Don Juan Tenorio* revela un coherente sistema icónico —esa "ideología del deseo" de Jameson—, y transforma al mismo Zorrilla, que enciende fuego con palabras en vez de con cerillas, en explosivo y sin par pirómano literario.

Don Juan: del héroe romántico al caballero burgués

Don Juan Tenorio es el primer drama burgués español. ¿Por qué? Porque se invierte perfectamente la posición romántica que convierte al héroe romántico en pecador. El pecador se redime al aceptar los dos principios fundamentales de la ideología burguesa: la entrada en el círculo familiar (es decir, la domesticidad) y la fuente última de la autoridad (el mundo sobrenatural representado en España, claro está, por la fe católica). Veremos la implicación de esta conversión.

La cuestión de la ortodoxia religiosa del drama de Zorri-

---

[81] Rubio Jiménez observa que "escenografía y texto dramático se impregnan mutuamente; las palabras de los personajes sugieren aquello que difícilmente puede lograr el escenógrafo", p. 18.

[82] Mircea Eliade, *Myths, Dreams, and Mysteries,* tr. Philip Mairet, London, Harvill Press, 1960, p. 95.

lla (cuestión "impertinente", según Aguirre)[83] ha sido dis-
cutida por críticos tan diversos como Mazzeo, Abrams,
Romero y Casalduero. Mazzeo afirma que la salvación del
héroe no se puede justificar desde una perspectiva teológica
porque don Juan no ha tenido la oportunidad de arrepentir-
se antes de morir; sin embargo, la intervención de doña
Inés, que se juega el alma inmortal ("Yo mi alma he dado
por ti, / y Dios te otorga por mí / tu dudosa salvación"
[vv. 3787-3789]) le brinda una salvación que, por la gracia
de Dios, "is an excellent example of religious belief within
the framework of Romantic idealism" (155). Abrams, al
contrario, supone que la cuestión de la muerte de don Juan
—dilucidar si lo que pronuncia la Estatua del Comendador:
"El capitán te mató / a la puerta de tu casa" (vv. 3718-
3719) es verídico o metafórico— es esencial para la comprensión de su salvación (Abrams supone que no muere
don Juan al final del segundo acto de la Segunda Parte):
"The entire sequence of action in the last act from the
moment in which Don Juan witnesses his own funeral
while still alive, until the ascent of the lovers' souls to Pur-
gatory, must be considered a manifestation of divine grace
reflecting the infinite mercy of God within the framework
of Orthodox Catholicism".[84] Romero confirma esta idea al
escribir que "don Juan no muere durante su duelo con
Centellas, sino en la última escena del último acto", concluyendo que "Zorrilla combina admirablemente el dogma
católico con el ideal romántico".[85] Pero es Casalduero el
que cuestiona la posibilidad de conectar el dogma católico
con el espíritu romántico de la obra. Su perspicaz comenta-
rio sobre el desenlace del drama merece nuestra atención:

> El desenlace de *Don Juan Tenorio* confrontado con la doctrina
> católica no resiste al más ligero examen; es algo absurdo,

[83] J. M. Aguirre, "Las dos noches de don Juan Tenorio", *Segismundo* 13-14
(1977), p. 216.
[84] Fred Abrams, "The Death of Zorrilla's Don Juan and the Problem of Catholic Orthodoxy", *Romance Notes* 6 (1964), p. 46.
[85] Héctor Romero, "Consideraciones teológicas y románticas sobre la muerte
de don Juan en la obra de Zorrilla", *Hispanófila* 54 (1975), pp. 9, 15.

monstruoso y algo cómico, pero la cuestión es que no hay que confrontarlo. Zorrilla (al cual, es innecesario declararlo, no pretendo hacer pasar por pensador; es poeta, nada más que poeta y no tenía por qué ser otra cosa) es capaz de recoger los anhelos de su época y darles forma y expresarlos. Se sirvió de una serie de mitos y metáforas tradicionales —que sirvieron, por cierto, para que el pueblo español se asimilase fácil, rápida y totalmente su obra— sin que él mismo notara el nuevo contenido que les infundía y por la razón que ya dejo apuntada.[86]

Edita Más-López capta perfectamente la postura zorrillesca al escribir que "Zorrilla usa la religión como un ingrediente de la emoción [de la teatralidad, se podría añadir], en oposición a un ingrediente de la teología".[87] Pero la entrada al cielo es una metáfora de la entrada al mundo burgués en que reinan el matrimonio y la fe, no el "exterminio" de otros héroes (como don Álvaro, por ejemplo). Con la entrada al mundo burgués, naturalmente muere el héroe romántico o, mejor dicho, se convierte en un nuevo héroe que dominará la literatura e ideología de autores como Ventura de la Vega, Balzac, Dickens y Galdós.[88]

Casalduero, a lo mejor sin darse cuenta, establece los parámetros más importantes para el análisis del drama: el problema del desenlace. Es cierto lo que escribe: el desenlace del drama *es* "absurdo" —si lo interpretamos desde la perspectiva de la crítica tradicional—. Henri Boyer reconoce la dualidad del desenlace: "...la dualité entre l'homme prisonnier de son passé et l'homme en voie de repentir est profondément ressentie par le spectateur".[89] Como drama "romántico" *Don Juan Tenorio* fracasa. ¿Cómo puede ser esto?

El personaje central del drama, don Juan, es clave para nuestra interpretación de la obra, y si llegamos a entender

---

[86] Joaquín Casalduero, "El don Juan romántico-sentimental", en *Contribución al estudio del tema de Don Juan en el teatro español*, Madrid, José Porrúa Turanzas, 1975, pp. 146-147.

[87] Mas-López, "El don Juan del romanticismo poético", p. 159.

[88] No se sugiere aquí que Vega, Balzac, Dickens y Galdós defienden la misma ideología conservadora que defiende Zorrilla, sino que se dan cuenta del cambio social que se efectúa a mediados del siglo XIX.

[89] Henri Boyer, "Miséricorde de Dieu et Apothéose de L'Amour: Note sur le dénouement du *Don Juan Tenorio* de Zorrilla", *Obliques* 5 (1974), p. 54.

la personalidad de este complicado ser creo que podremos empezar a ver el drama desde una nueva perspectiva. A primera vista, parece que don Juan es la culminación de la corriente rebelde que marca las obras de los autores románticos en España: ama no sólo a una mujer sino a muchas mujeres, no mata por necesidad o por accidente o por defenderse contra un ataque ajeno, sino por gusto, no acepta las restricciones sociales que la sociedad intenta imponerle. Es decir, es un rebelde. El héroe romántico prototípico muestra ciertas características que llegan a marcar el mundo de la dramaturgia romántica. Pensemos en *Macías* de Larra, en *La conjuración de Venecia* de Martínez de la Rosa, en *Don Álvaro o la fuerza del sino* del duque de Rivas, en *El trovador* de García Gutiérrez o en *Los amantes de Teruel* de Hartzenbusch para confirmar que todos los héroes de estos dramas son individuos que sufren una angustia cósmica, cuyo destino con frecuencia reside en manos de una jerarquía social arbitraria e injusta (según su perspectiva, claro está) y cuyos deseos se centran sencillamente en la unión con la amada (y es de notar que en todos estos casos es el amor de *una sola mujer* lo que anima al protagonista). Con leves diferencias todos son hijos de sus obras, hombres enérgicos, nobles, generosos y valientes que sufren persecución y encarcelamiento (o real o metafórico) por razones ajenas a su filosofía vital. Sus orígenes confusos o misteriosos sólo se revelan al llegar la obra a un desenlace melodramático, y su comportamiento normalmente traza una trayectoria que les lleva desde una postura de cooperación y bondad, pasando por la frustración y el reto, hasta una rebelión final que choca con su violencia y convicción. Mueren, pero mueren rebelándose contra las fuerzas de la tiranía, la opresión y la injusticia cósmica. En todos los casos mencionados la posibilidad de establecer una paz, de llegar a un acuerdo entre el hombre y su Dios, se desvanece en la penumbra de la injusticia. El hombre se rebela y su rebelión trasciende su muerte física.

Si todo esto es así, el análisis de la figura de don Juan en la obra de Zorrilla cobra dimensiones interesantes e inesperadas. En los diez años que corrieron entre el estreno del primer drama de la época más plenamente romántica, *La conjuración de Venecia* en 1834, y el drama que para muchos críticos es el punto culminante del movimiento romántico español, *Don Juan Tenorio* en 1844, España sufrió unos cambios sociales y políticos profundos, cambios reflejados en el drama de Zorrilla. Zorrilla heredó no sólo un público para su drama, sino también una actitud preestablecida sobre el romanticismo y su expresión artística. Su genio supo integrar esta actitud heredada, pero también supo abrir nuevos caminos literarios e ideológicos para que su público lo comprendiera. No hay duda de que don Juan comparte con sus antecesores muchas de las características establecidas por los otros dramaturgos románticos: es rebelde (por lo menos al principio), vital, perseguido, frustrado, y se ve forzado a embozarse, encubrirse física y metafóricamente para poder pasar desapercibido por la vida y escapar de las autoridades. Sin embargo, es tan diferente de los otros héroes románticos en su esencia que parece ser de una naturaleza totalmente opuesta a la suya. Veremos algunos ejemplos.

La gran mayoría de los otros héroes románticos son, al comenzar sus dramas, presentados como seres buenos o inocentes u obedientes u honrados. No es éste el caso de don Juan: su propia autodefinición vanagloriosa hace hincapié en su maldad. Está orgulloso de la apuesta que ha hecho con don Luis sobre cuál de los dos pudo hacer "más daño" durante el período de un año. Don Juan es pecador:

> Por dondequiera que fui,
> la razón atropellé,
> la virtud escarnecí,
> a la justicia burlé
> y a las mujeres vendí.
> Yo a las cabañas bajé,
> yo a los palacios subí,
> y a los claustros escalé
> y en toda partes dejé
> memoria amarga de mí. (501-510)

Aquí, don Juan *desea* ser una fuerza de desarmonía social, sencillamente para expresar su propio egocentrismo (notemos la repetición del pronombre personal "yo"). Desde el principio — e intencionadamente — representa la desarmonía. Centellas dice de él:

> Don Juan Tenorio se sabe
> que es la más mala cabeza
> del orbe, y no hubo hombre alguno
> que aventajarle pudiera
> con sólo su inclinación.   (287-291)

Esto no es característico de los otros héroes románticos: el Trovador, don Álvaro, Marsilla, Rugiero, todos piensan tan sólo en una mujer y quieren casarse con ella; sólo cuando la vía tradicional y socialmente aceptable se corta buscan y encuentran otras vías más rebeldes. Comparemos esta jactancia con lo que se dice de los otros héroes románticos. De Rugiero dicen: "nadie en el mundo le lleva ventaja" y "sus buenas prendas le han granjeado el afecto de todos". De don Álvaro: "Es verdad que es todo un hombre", "muy buen mozo", "formal... y generoso", "el militar más valiente, más pundonoroso y más exacto que tiene el ejército". De Manrique, el trovador: "es un caballero valiente y galán", etc. Su rebelión es el resultado de acciones ajenas, una reacción contra determinadas injusticias, no es parte de sus propias acciones desde el principio. El amor que siente don Juan hacia doña Inés es una emoción *a posteriori*, es decir, no tiene nada que ver con sus otras aventuras sexuales (ha seducido a setenta y dos mujeres durante el año anterior).

Don Juan tampoco es hijo de sus obras, no es hombre que se ha hecho la vida por su inteligencia, sus talentos y su energía. Desde el principio tiene fortuna y prestigio, pero usa estos dones para avanzar en sus deseos egocéntricos. Nace dentro de una familia, pero rechaza aquella familia al salir al mundo para "obrar mal". Tampoco comparte con sus antecesores románticos el origen desconocido que es una metáfora de la vida sin amparo, sin protección de una familia, sin seguridad. Sabemos desde el principio quién es el padre de don Juan (don Diego entra en la Hostería del Laurel en el primer acto), y por eso no existe la escena conmovedora —típica en otras obras— en que el héroe descubre sus verdaderas raíces. En el primer acto de *Don Juan Tenorio* el protagonista rechaza la autoridad de su padre, pero, como veremos, al final del drama acepta la autoridad del Padre (Dios), del cual procede la autoridad de todos los padres. Don Juan acepta la autoridad de la sociedad patriarcal. Los otros héroes por fin descubren que vienen de linaje noble y adinerado, pero esto lo sabía don Juan desde el principio. Si los otros ganan su "nobleza" a través de años de lucha, don Juan compra la suya gracias a su linaje y su dinero. Su nobleza, por eso, es externa, mientras la de Rugiero, don Álvaro, Manrique y los demás, es interna, hasta espiritual.

Lo que le motiva a don Juan Tenorio es la arrogancia, el lujo, la codicia y la aventura. Su apuesta con don Luis se centra en "quién de ambos sabría obrar/peor" (vv. 431-432) y el orgullo con que relata sus crímenes nos parece desdeñable. No respeta a nada ni a nadie. Si don Álvaro mata al padre de Leonor por accidente ("la fuerza del sino"), don Juan mata al Comendador a sangre fría. Es cierto que el Comendador le ha insultado y le ha negado cumplir sus deseos para con Inés, pero su respuesta es la de un pecador ya en vías de redimirse:

> Y venza el infierno, pues.
> Ulloa, pues mi alma así
> vuelves a hundir en el vicio,
> cuando Dios me llame a juicio,
> tú responderás por mí.
> (*Le da un pistoletazo.*)   (2603-2607)

Aquí vemos uno de los puntos de su conversión, uno de los puntos de conflicto que la obra intenta resolver. Implica don Juan que quiere escapar del vicio y se proclama inocente frente a la posible condena divina que le espera (y en que ya cree). En los otros dramas románticos aquí mencionados la mujer, el objeto del deseo amoroso, es lo único que le preocupa al héroe: ella es su "luz", su "cielo", su "ángel", etc. El uso metafórico del ángel, muy común en estas obras, es irónico en Zorrilla, porque en su obra Inés se convierte *literalmente* en ángel, anticipando los "varios ángeles" que aparecen al final del drama. Ella también sirve de instrumento para la conversión de don Juan en ángel: como dice don Gonzalo, "y ella puede hacer un ángel / de quien un demonio fue" (vv. 2510-2511).

La salvación de los otros héroes románticos tiene poco que ver con la religión. Es una salvación terrestre, del aquí y ahora que rechaza ideas de eternidad (vista desde la perspectiva católica). Esta salvación la inspira la mujer, es decir, la existencia se define desde la perspectiva de la relación amorosa establecida entre un hombre y una mujer. Todos los héroes románticos anteriores están enamorados de su dama antes de comenzar la acción de su drama, pero Zorrilla cambia esta situación. Don Juan se da cuenta del potencial del amor auténtico, y se enamora, sólo al final del primer acto, y su salvación es un fenómeno completamente teológico, ganada por el amor, la gracia de Dios y la intercesión de doña Inés. Ella no es el fin de su existencia, no es su *ser,* sino un conducto, un *estar* temporal que antecede la transformación de don Juan en "ángel". Zorrilla pone en boca de don Juan estas palabras:

> No es, doña Inés, Satanás
> quien pone este amor en mí:
> es Dios, que quiere por ti
> ganarme para Él quizá.   (2264-2267)

Si en los otros dramas románticos el cielo conspira contra la armonía vital de los amantes, aquí don Juan confiesa al Comendador que "el cielo / nos la quiso conceder" (vv. 2496-2497). De nuevo se ve la unión del mundo doméstico con el mundo religioso. Zorrilla es el primer dramaturgo que salva al pecador don Juan, y esta salvación, en palabras de Navas Ruiz, "cancela definitivamente la visión trágica de las grandes creaciones románticas españolas".[90]

La trayectoria trazada por estos héroes románticos revela que Zorrilla rompe el patrón establecido. Los otros van de lo positivo a lo negativo, de la esperanza a la frustración, de la bondad a la criminalidad, de la conformidad a la rebelión; en términos más simplistas, de lo bueno a lo malo. Si las palabras rebeldes de don Álvaro son las que grita al final: "Busca, imbécil, al padre Rafael…Yo soy un enviado del infierno, soy el demonio exterminador…Infierno, abre tu boca y trágame" (V, xi), palabras que tienen eco en otras obras románticas ("¡Ya estás vengada!", *El trovador* ; "Jamás vencido el ánimo, / su cuerpo ya rendido, / sintió desfallecido / faltarle, Montemar", *El estudiante de Salamanca*), el mensaje esencial de *Don Juan Tenorio* se transmite cuando la Estatua del Comendador le dice a don Juan: "que hay una eternidad / tras de la vida del hombre" (vv. 3438-3439). Estas palabras son confirmadas por don Juan, quien, temeroso de llegar a convertirse en "fuego y ceniza" (v. 3675), le pregunta:

> ¿Conque hay otra vida más
> y otro mundo que el de aquí?
> ¿Conque es verdad, ¡ay de mí!,
> lo que no creí jamás?   (3684-3687)

Éste es el verdadero mensaje del drama de Zorrilla, un mensaje confortante y católico. Si hubiera estructurado la obra para terminar con las palabras desafiantes de don Juan, que grita al acabar la primera parte,

> Allá voy.
> Llamé al cielo y no me oyó,
> y pues sus puertas me cierra,
> de mis pasos en la tierra
> responda el cielo, y no yo   (2619-2623),

[90] Ricardo Navas Ruiz, "Estudio preliminar" en *Don Juan Tenorio*, ed. Luis Fernández Cifuentes, Barcelona, Crítica, 1993, p. xxvii.

hubiera podido mantenerse consistentemente dentro del patrón establecido por los otros dramaturgos románticos. Pero no pudo, no quiso hacerlo. La Segunda Parte del drama cancela la rebelión de la primera. En las otras obras románticas se ve claramente un rechazo de la solución religiosa, una fuerte confrontación entre el hombre castigado, angustiado, en fin, trágico, y Dios, el Ser Supremo. Aquellos héroes viven en un mundo antiprovidencial, controlado por las fuerzas del azar (del "sino"). Buscan su salvación en los brazos de una mujer, pero no encuentran ni la paz ni el amor, sino la muerte y el horror (Félix de Montemar abraza el horroroso esqueleto que le da la muerte). La decoración que ilumina la muerte de don Juan "no debe tener nada de horrible", escribe el autor en la acotación; y así, la rendición de don Juan a la gracia divina, su arrepentimiento y su subida al cielo marcan un nuevo momento en el teatro romántico.

El Tenorio es romántico en su sufrimiento trágico, en la agonía y rebeldía que expresa en la Primera Parte, en la tensión interna del hombre en conflicto entre sus deseos y lo inalcanzable. El héroe romántico se siente desconcertado ante la injusticia del mundo —siente el "ansia de infinito", en palabras de María José Alonso Seoane[91]— y reacciona con un rechazo completo de aquella injusticia. Pero el héroe don Juan no es el mensajero de una furia revolucionaria, frustrada, angustiada y pesimista; es el mensajero de la esperanza, de la Buena Palabra. Es más: este arrepentimiento cancela de una vez para siempre la rebelión romántica de los otros héroes, una rebelión que capta mucho mejor que la fácil comodidad de Zorrilla la llegada de un nuevo mundo existencial, esto es, de un nuevo mundo moderno.

Zorrilla ha cogido el cambio ideológico del siglo justo en su momento más intenso (recordemos que Juanito Santa Cruz, personaje sumamente burgués de *Fortunata y Jacinta*, nace exactamente en 1845, según su creador). Era

---

[91] Introducción a su edición de *La conjuración de Venecia*, Madrid, Cátedra, 1993, p. 87.

perfectamente consciente de lo que hacía al invertir y sub-
vertir el paradigma romántico. También lo sabía el público
de su día, pero, según la *Revista de Teatros* (30 de marzo
de 1844), gustó más la Primera Parte que la Segunda. Sin
embargo, Zorrilla busca —y encuentra— una respuesta más
adecuada a sus necesidades personales y las de su época. El
"romanticismo" de su obra, es decir, el elemento terrorífico, diabólico y rebelde, es pura teatralidad,[92] pura decoración.[93] "Doña Inés en el sofá, con su don Juan a los pies, es
la estampa más fiel, la interpretación más fidedigna del
corazón burgués, antiheroico, romántico-sentimental de la
época".[94]   A fin de cuentas, Zorrilla insiste en un mensaje
confortante y religioso. Como observa Diego Marín, "su
mensaje religioso, apropiado a una época más incrédula
que la de Tirso, no es tanto la inexorabilidad de la justicia
divina como la existencia misma del más allá y por tanto de
Dios, cuya afirmación parecía necesaria ante el debilita-
miento de la fe".[95]   El don Juan hecho ángel será el nuevo
héroe literario ("No es, doña Inés, Satanás, / quien pone
este amor en mí; / es Dios, que quiere por ti / ganarme para
Él quizás" [vv. 2264-2267]), y con ello Zorrilla cambia el
trayecto del romanticismo en España.[96]

DAVID T. GIES

[92] Francisco Ruiz Ramón, "Zorrilla y el genio de la teatralización", en su *Historia del teatro español. (Desde sus orígenes hasta 1900)*, 5ª. ed., Madrid, Cátedra, 1983, p. 330.
[93] Jesús Rubio Jiménez, *"Don Juan Tenorio*, drama de espectáculo: plasticidad y fantasía", *Cuadernos de Investigación Filológica* 15 (1989), p. 14.
[94] Joaquín Casalduero, "El don Juan romántico-sentimental", p. 149.
[95] Diego Marín, "La versatilidad del mito de Don Juan", *Revista Canadiense de Estudios Hispánicos* 6 (1982), p. 396.
[96] Quiero dejar constancia de mi profundo agradecimiento a mi amigo Pedro Álvarez de Miranda por la generosa ayuda que me ha prestado durante la preparación de esta edición.

NOTICIA BIBLIOGRÁFICA

D E S P U É S de la primera edición de *Don Juan Tenorio* en 1844 se publicaron tres tiradas nuevas en Madrid, sin enmiendas de importancia, en 1845, 1846 y 1849. En su estudio de la historia de los textos, Sierra Corella sospecha que en su día "se han debido de hacer multitud de copias manuscritas, con variaciones del texto, ya completas, ya fragmentarias, hechas para los traspuntes, con las supresiones, adiciones y enmiendas circunstanciales aconsejadas por las necesidades de momento y exigencias de lugar, tiempo y representantes..." (191), aunque estas copias no se han encontrado nunca.[97] La verdadera segunda edición de la obra, con correcciones del mismo autor, salió a la luz en París en 1852. Ésta es la edición que llama el poeta "la única completa corregida y reconocida por mí", y contiene algunas correcciones de defectos tipográficos encontrados en la primera edición de 1844. Zorrilla vuelve a corregir la obra al preparar a partir de 1884 sus *Obras completas,* de las que sólo salió el primer tomo. Las *Obras completas* de Zorrilla no aparecerán en España hasta 1895, dos años después de la muerte del autor.

Es sin duda la gran edición de las *Obras completas* (Valladolid, Santarén, 1943) que cuidó Narciso Alonso Cortés la que será la definitiva hasta los años 1970, cuando la publicación del facsímil del manuscrito (Real Academia Española, 1974) abre paso a otra serie de ediciones comentadas. José Luis Varela, editor del manuscrito, publica también la primera edición crítica de la obra (Clásicos Castellanos, 1975). Este es el año también de la edición preparada por Salvador García Castañeda (Labor, 1975). José Luis

---

[97] Sierra da toda la detallada información bibliográfica de las ediciones publicadas entre 1844 y 1944. Incluye la curiosa noticia de una temprana traducción alemana publicada en Leipzig en 1850.

Gómez saca a luz una esmerada edición del drama en 1984 (Planeta), seguida de las de Jean-Louis Picoche (Taurus, 1985), Jorge Campos (Alianza, 1985), Aniano Peña (Cátedra, 1986), Francisco Nieva (Espasa-Calpe, 1990), Enrique Lloret (Ayuntamiento de Madrid, 1990), otra de Jean-Louis Picoche (1992) y Luis Fernández Cifuentes (Crítica, 1993), esta última la más detallada y completa que ha aparecido hasta la fecha.

PRINCIPALES EDICIONES DE *Don Juan Tenorio*

Don Juan Tenorio. Drama religioso-fantástico en dos partes, Madrid, Imprenta de Repullés, 1844.

Don Juan Tenorio. Drama religioso-fantástico en dos partes, Madrid, Imprenta de Repullés, 1845.

Don Juan Tenorio. Drama religioso-fantástico en dos partes, Madrid, D. Antonio Yenes, 1846.

Don Juan Tenorio. Drama religioso-fantástico en dos partes, en *Obras de D. José Zorrilla,* II, París Baudry, Librería Europea, 1847, pp. 421-478. (Colección de los mejores autores españoles, tomos 39-40).

Don Juan Tenorio. Drama religioso-fantástico en dos partes, Madrid, Imprenta de Repullés, 1849.

Don Juan Tenorio. Drama religioso-fantástico en dos partes, en *Obras completas de D. José Zorrilla,* I, México, Boix y Compañía, 1851.

Don Juan Tenorio. Drama religioso-fantástico en dos partes, en *Obras de D. José Zorrilla, nueva edición corregida, y la sola reconocida por el autor, con su biografía por Ildefonso de Ovejas,* II, *Obras dramáticas,* París, Baudry, Librería Europea, 1852, pp. 428-471.

Don Juan Tenorio. Drama religioso-fantástico en dos partes, en *Obras de D. José Zorrilla,* II, París, Mesnil Dramard-Baudry, Sucesor, 1872.

Don Juan Tenorio, zarzuela en tres actos y siete cuadros, Madrid, Alonso Gullón, 1877.

Don Juan Tenorio. Drama religioso-fantástico en dos partes, Madrid, Tip. de E. Cuesta, 1883.

Don Juan Tenorio. Drama religioso-fantástico en dos partes, Madrid, Tip. de los Sucesores de Cuesta, 1892.

Don Juan Tenorio. Drama religioso-fantástico en dos partes, en *Obras de D. José Zorrilla, nueva edición corregida, y la sola reconocida por el autor, con su biografía por Ildefonso de Ovejas*, II, *Obras dramáticas*, París, Baudry, Librería Europea, 1893, pp. 428-471.

Don Juan Tenorio. Drama religioso-fantástico en dos partes, en *Obras dramáticas y líricas de Don José Zorrilla*, I, Madrid, Tip. de los Sucesores de Cuesta, 1895, pp. 297-391.

Don Juan Tenorio. Drama religioso-fantástico en dos partes, en *Obras completas de Don José Zorrilla*, II, Madrid, Manuel P. Delgado, 1905, pp. 247-333.

Don Juan Tenorio. Drama religioso-fantástico en dos partes, Madrid, Tip. de El Liberal, 1911.

Don Juan Tenorio. Drama religioso-fantástico en dos partes, Barcelona, Casa editorial Maucci, 1914.

Don Juan Tenorio. Drama religioso-fantástico en dos partes, ed. N.B. Adams, New York, Crofts, 1937.

Don Juan Tenorio, en *Teatro selecto*, Barcelona, Editorial Cisne, 1943, pp. 1-74.

Don Juan Tenorio. Drama religioso-fantástico en dos partes, en *Obras completas de José Zorrilla*, II, ed. Narciso Alonso Cortés, Valladolid, Santarén, 1943, pp. 1267-1318.

Don Juan Tenorio. Drama religioso-fantástico en dos partes, edición facsímil del manuscrito, ed. José Luis Varela, Madrid, Real Academia Española, 1974.

Don Juan Tenorio. Drama religioso-fantástico en dos partes, ed. José Luis Varela, Madrid, Espasa-Calpe, 1975.

Don Juan Tenorio. Drama religioso-fantástico en dos partes, ed. Salvador García Castañeda, Barcelona, Labor, 1975.

Don Juan Tenorio. Drama religioso-fantástico en dos partes, ed. José Luis Gómez, Barcelona, Editorial Planeta, 1984.

Don Juan Tenorio. Drama religioso-fantástico en dos partes. Un testigo de bronce, ed. Jean-Louis Picoche, Madrid, Taurus, 1985.

Don Juan Tenorio. Drama religioso-fantástico en dos partes, ed. Jorge Campos, Madrid, Alianza, 1985.

Don Juan Tenorio. Drama religioso-fantástico en dos partes, ed. Aniano Peña, Madrid, Cátedra, 1986.

Don Juan Tenorio. Drama religioso-fantástico en dos partes, introducción de Francisco Nieva, Madrid, Espasa-Calpe, 1990.

Don Juan Tenorio. Drama religioso-fantástico en dos partes, ed. Enrique Llovet, Madrid, Ayuntamiento, Concejalía de Cultura, 1990.

Don Juan Tenorio. El capitán Montoya, ed. Jean-Louis Picoche, Madrid, Taurus, 1992, pp. 147-345.

Don Juan Tenorio. Drama religioso-fantástico en dos partes, ed. Luis Fernández Cifuentes con estudio preliminar de Ricardo Navas Ruiz, Barcelona, Editorial Crítica, 1993.

BIBLIOGRAFÍA SELECTA[98]

Abrams, Fred, "The Death of Zorrilla's Don Juan and the Problem of Catholic Orthodoxy", *Romance Notes,* 6, 1964, pp. 42-46.

Adams, Nicholson B., *"Don Juan Tenorio:* 1877", *Revista Hispánica Moderna*, 31, 1965, pp. 5-10.

Aguirre, J.M., "Las dos noches de don Juan Tenorio", *Segismundo* 13-14 (1977), pp. 213-256.

Alberich, José, "Sobre la popularidad de *Don Juan Tenorio*", *Insula*, 204, noviembre 1963, pp. 1, 10.

Arias, Judith, "The Devil at Heaven's Door: Metaphysical Desire in *Don Juan Tenorio*", *Hispanic Review*, 61, 1993, pp. 15-34.

——, "The Don Juan Myth: A Girardian Perspective", en *Modern Myths*, ed. David Bevan, Amsterdam, Rodopi, 1993, pp. 23-59.

Boyer, Henri, "Miséricorde de Dieu et Apothéose de L'Amour: Note sur le dénouement du *Don Juan Tenorio* de Zorrilla", *Obliques*, 5, 1974, pp. 53-59.

Caldera, Ermanno, "La última etapa de la comedia de magia", en *Actas del VII Congreso Internacional de Hispanistas*, ed. Giuseppe Bellini, I, Roma, Bulzoni, 1982, pp. 247-253. 2 vols.

——, "Sulla 'spettacolarità' delle commedie di magia", en su *Teatro di magia*, Roma, Bulzoni, 1983, pp. 11-32.

Cardwell, Richard, "Specul(ariz)ation on the other Woman: Don Juan's Inés", in *José Zorrilla (1893-1993): Centennial Readings*. Ed. Richard Cardwell, Nottingham, University of Nothingham, 1993, pp. 41-57.

Casalduero, Joaquín, "El Don Juan romántico-sentimental", en su *Contribución al estudio del tema de Don Juan en el teatro español*, Madrid, José Porrúa Turanzas, 1975, pp. 133-149.

---

[98] Por ser tan extensa la bibliografía sobre Zorrilla y su obra, me he limitado a incluir en estas páginas sólo las cosas relativas al *Tenorio* o referencias citadas en la Introducción. El lector que necesite una bibliogafía más completa sobre el autor puede consultar las bibliografias de Armand Singer con sus varios suplementos.

Cervera, Francisco, "Zorrilla y sus editores. El *Don Juan Tenorio,* caso cumbre de explotación de un drama", *Bibliografía Hispánica,* 3, 1944, pp. 147-190.

Domínguez de la Paz, Elisa, y Pablo Carrascosa Miguel, "Notas para la interpretación del *Don Juan* a partir de un fragmento inédito de José Zorrilla", *Revista de Literatura,* 100, 1988, pp. 521-527.

Dowling, John C., "Don Juan and Carmen", *The Comparatist,* 13, 1989, pp. 37-51.

Egido, Aurora, "Sobre la demonología de los burladores (de Tirso a Zorrilla)", *Cuadernos de Teatro Clásico,* 2, 1988, pp. 37-54.

Feal Deibe, Carlos, "Conflicting Names, Conflicting Laws: Zorrilla's *Don Juan Tenorio*", *PMLA,* 96 iii, 1981, pp. 375-387.

——, "Entre el amor y el honor: El *Don Juan Tenorio* de Zorrilla", en su *En nombre de don Juan (Estructura de un mito literario),* Amsterdam, John Benjamins, 1984, pp. 35-48.

Fernández Cifuentes, Luis, "Don Juan y las palabras", *Revista de Estudios Hispánicos,* 25, 1991, pp. 77-101.

——, "Prólogo", a su edición de *Don Juan Tenorio,* Barcelona, Editorial Crítica, 1993, pp. 1-69.

Gallego Morell, Antonio, "Pervivencia del mito de don Juan en el Tenorio de Zorrilla", en VV.AA., *El teatro y su crítica,* Málaga, Instituto de Cultura de la Diputación de Málaga, 1975, pp. 139-155.

Gies, David T., "Don Juan contra don Juan: Apoteosis del romanticismo español", en *Actas del VII Congreso Internacional de Hispanistas,* ed. Giuseppe Bellini, I, Roma, Bulzoni, 1982, pp. 545-551. 2 vols.

——, "*Don Juan Tenorio* y la tradición de la comedia de magia", *Hispanic Review,* 59, 1990, pp. 1-17.

——, "From Myth to Pop: Don Juan, James Bond, and Zelig", *Western Pennsylvania Symposium on World Literature (1974-1991),* ed. Carla Lucente, Greensburg, PA, Eadner Press, 1992, pp. 183-199.

——, "José Zorrilla and the Betrayal of Spanish Romanticism", *Romanistisches Jahrbuch,* 31, 1980, pp. 339-346.

Herrero, Javier, "El volcán en el Paraíso. El sistema icónico del teatro de Calderón", *Co.textes* 3 (1982), pp. 59-107.

——, "Romantic Theology: Love, Death and the Beyond", en *Resonancias románticas: Evocaciones del romanticismo hispánico,* ed. John Rosenberg, Madrid, José Porrúa Turanzas, 1988, pp. 1-20.

Lensing, Arvella H., *José Zorrilla: A Critical, Annotated Bibliography, 1837-1985*, tesis doctoral, University of Iowa, 1986.

Leslie, John Kenneth, "Towards the Vindication of Zorrilla: The Dumas-Zorrilla Question Again", *Hispanic Review*, 13, 1945, pp. 288-293.

Lida, Denah, "El 'catálogo' de *Don Giovanni* y el de *Don Juan Tenorio*", *Actas del III Congreso Internacional de Hispanistas*, México, Colegio de México, 1970, pp. 553-561.

Mandrell, James, *Don Juan and the Point of Honor. Seduction, Patriarchal Society, and Literary Tradition*, University Park, Pennsylvania State University Press, 1992.

——, "*Don Juan Tenorio* as *refundición*: The Question of Repetition and Doubling", *Hispania*, 70, 1987, pp. 22-30.

——, "Nostalgia and the Popularity of don Juan Tenorio: Reading Zorrilla Through Clarín", *Hispanic Review*, 59, 1991, pp. 37-55.

Mansour, George P., "Parallelism in *Don Juan Tenorio*", *Hispania*, 61, 1978, pp. 245-253.

Marías, Julián, "Dos dramas románticos: *Don Juan Tenorio* y *Traidor, inconfeso y mártir*", *Estudios románticos*, Valladolid, Casa-Museo de Zorrilla, 1975, pp. 181-197.

Marín, Diego, "La versatilidad del mito de Don Juan", *Revista Canadiense de Estudios Hispánicos*, 6, 1982, pp. 389-403.

Más-López, Edita, "El Don Juan del romanticismo poético del siglo XIX y el don Juan realista del siglo XX", *Letras de Deusto*, 15, 1985, pp. 155-164.

Mazzeo, Guido, "*Don Juan Tenorio:* Salvation or Damnation?", *Romance Notes*, 5, 1964, pp. 151-155.

Menarini, Piero, "Don Juan contro don Juan", *Cahiers d'Études Romanes*, 11, 1986, pp. 49-74.

Mitchell, Timothy, "*Don Juan Tenorio* as Collective Culture", en su *Violence and Piety in Spanish Folklore*, Philadelphia, University of Pennsylvania Press, 1988, pp. 169-189.

Muñoz González, Luis, "*Don Juan Tenorio*, la personalización del mito", *Estudios Filológicos*, 10, 1974-1975, pp. 93-122.

Navas Ruiz, Ricardo, "Don Álvaro y Don Juan", en *Imágenes liberales*, Salamanca, Almar, 1979, pp. 176-188.

——, "Estudio preliminar", en *Don Juan Tenorio*, ed. Luis Fernández Cifuentes, Barcelona, Editorial Crítica, 1993, pp. ix-xxxiii.

——, *El romanticismo español*, 4ª. ed., Madrid, Cátedra, 1990.

Pérez Firmat, Gustavo, "Carnival in *Don Juan Tenorio*", *Hispanic Review*, 51, 1983, pp. 269-281.

Revilla, Manuel de la, "El tipo legendario de D. Juan Tenorio", en sus *Obras de D. Manuel de la Revilla*, Madrid, Víctor Saiz, 1883, pp. 431-456.

Rodríguez, Alfredo, y Deanna Cornejo-Patterson, "La estructura mítico-tradicional del *Don Juan Tenorio* de Zorrilla", *RILCE*, 4, 1988, pp. 47-54.

Romero, Héctor, "Consideraciones teológicas y románticas sobre la muerte de Don Juan en la obra de Zorrilla", *Hispanófila* 54, 1975, pp. 9-16.

Rubio Fernández, Luz, "Variaciones estilísticas del *Tenorio*", *Revista de Literatura*, 19, 1961, pp. 55-92.

Rubio Jiménez, Jesús, "*Don Juan Tenorio*, drama de espectáculo: plasticidad y fantasía", *Cuadernos de Investigación Filológica*, 15, 1989, pp. 5-24.

Ruiz Ramón, Francisco, "Zorrilla y el genio de la teatralización", en su *Historia del teatro español (Desde sus orígenes hasta 1900)*, 5ª ed., Madrid, Cátedra, 1983, pp. 329-332.

Sánchez, Roberto, "Between Macías and Don Juan: Spanish Romantic Drama and the Mythology of Love", *Hispanic Review*, 44, 1976, pp. 27-44.

——, "Cruz y cara de la teatralidad romántica (Don Álvaro y Don Juan Tenorio)", *Insula* 337, 1974, pp. 21-23.

Sedwick, Frank, "More Notes on the Sources of Zorrilla's *Don Juan Tenorio*: The 'Catalog' and Stone-Mason Episodes", *Philological Quarterly*, 38, 1959, pp. 504-509.

Sierra Corella, Antonio, "El drama *Don Juan Tenorio*: Bibliografía y comentarios", *Bibliografía Hispánica*, 3, 1944, pp. 191-219.

Singer, Armand E., *The Don Juan Theme, Verisons and Criticism: A Bibliography*, West Virginia University, West Virginia University Publications, 1965. (Con suplementos en 1966, 1970, 1973, 1975, 1980).

ter Horst, Robert, "Ritual Time Regained in Zorrilla's *Don Juan Tenorio*", *Romanic Review*, 70, 1979, pp. 80-93.

Torrente Ballester, Gonzalo, "Zorrilla's Don Juan Revisited", *Theatre Annual*, 24, 1969, pp. 47-57.

Wang, John B., "Don Juan disparatado", *Proceedings: Pacific Northwest Conference on Foreign Languages*, ed. Walter Kraft, Corvallis, Oregon State University, 1973, pp. 119-123.

ESQUEMA MÉTRICO

Primera parte

Acto I	versos	1-72	redondillas
		73-102	quintillas
		103-254	redondillas
		255-380	romance (asonancia en *é-a*)
		381-440	redondillas
		441-695	quintillas
		696-835	redondillas
Acto II	versos	836-1119	redondillas
		1120-1121	versos sueltos
		1122-1141	redondillas
		1142-1201	ovillejos
		1202-1249	redondillas
		1250-1345	octavillas
		1346-1365	redondillas
		1366-1425	ovillejos
		1426-1433	redondillas
Acto III	versos	1434-1547	romance (asonancia en -*é*)
		1548-1647	redondillas
		1648-1655	octavillas
		1656-1659	redondilla
		1660-1675	octavillas
		1676-1679	redondilla
		1680-1687	octavilla
		1688-1691	redondilla
		1692-1707	octavillas
		1708-1711	redondilla
		1712-1719	octavilla

		1720-1723	redondilla
		1724-1731	octavilla
		1732-1771	redondillas
		1772-1777	sextilla
		1778-1797	quintillas
		1798-1909	redondillas
Acto IV	versos	1910-2025	romance (asonancia en *-á*)
		2026-2173	redondillas
		2174-2223	décimas
		2224-2447	redondillas
		2448-2563	romance (asonancia en *-é)*
		2564-2639	redondillas

Segunda parte

Acto I	versos	2640-2923	redondillas
		2924-3113	décimas
		3114-3217	redondillas
		3218-3227	quintillas
Acto II	versos	3228-3491	redondillas
		3492-3511	décimas
		3512-3599	redondillas
Acto III	versos	3600-3643	cuartetos endecasílabos
		3644-3727	redondillas
		3728-3737	quintillas
		3738-3765	redondillas
		3766-3815	décimas

NOTA PREVIA

P A R A el texto he seguido el de la primera edición publicada de *Don Juan Tenorio* (Madrid: Imprenta de Repullés, 1844). Se han tenido en cuenta también el facsímil del manuscrito, publicado por José Luis Varela (Madrid: Real Academia Española, 1975), y las ediciones de 1852 y 1893, ambas integradas en las *Obras* que se editaron en París por Baudry con la indicación "Nueva edición corregida y la sola reconocida por el autor"; de aquél y de éstas se aceptan en contadas ocasiones lecturas claramente preferibles, y otras veces señalo en nota las variantes de interés que aportan. (No obstante, la gran cantidad de tachaduras y correcciones que hizo Zorrilla en el manuscrito —de los 1815 versos, no menos de 600 presentan alguna— hace poco recomendable la anotación de todas; por eso, en las notas a pie de página comento sólo lo más interesante: el estudioso puede consultar el manuscrito en casos de duda o mera curiosidad.) He tenido presentes, asimismo, las principales ediciones modernas del *Tenorio,* es decir, las de Alonso Cortés, García Castañeda, Gómez, Peña, Picoche y Fernández Cifuentes.

He modernizado el texto de 1844 en aspectos meramentos gráficos («muger» > «mujer», «personage» > «personaje», «estraordinario» > «extraordinario», «estraño» > «extraño», «vergante > «bergante», por ejemplo) y he modernizado asimismo la puntuación y el uso de mayúsculas.

D. T. G.

DON JUAN TENORIO

Drama religioso-fantástico en dos partes

Al señor

DON FRANCISCO LUIS DE VALLEJO

en prenda de buena memoria,
su mejor amigo,

JOSÉ ZORRILLA

Madrid, marzo de 1844.[1]

---

[1] El manuscrito autógrafo, publicado por José Luis Varela en 1974, contiene una dedicatoria a D. Aureliano Fernández-Guerra, fechada en Madrid el 27 de abril de 1844. "A su buen amigo el S. D. Aureliano Fernández Guerra, ofreció este borrador en muestra de franco aprecio / José Zorrilla / Madrid. Abril 27/44". Zorrilla explica en *Recuerdos del tiempo viejo* que Vallejo era "corregidor de Lerma en 1835", amigo de su padre. "Mi padre fue el primer dignatario de la situación realista depuesto por la influencia liberal de la Reina Cristina: cayó como los vencidos que capitulan, y salió con armas y bagajes: las condiciones de su destitución no fueron más que la de salir de Madrid y sitios reales en el término de ocho días. Fue, pues, a refugiarse a un pueblecillo de la provincia de Burgos, en donde un hermano de mi madre era cabeza de una numerosa familia, y a cuyo otro hermano, capellán de aquel pueblo, había nombrado canónigo de la colegiata de Lerma el duque del Infantado, patrono de aquella iglesia y heredero del duque de Lerma, su fundador. El cólera del 34, que introdujo la muerte y la división en la familia, nos obligó a abandonar aquel pueblecillo tan pequeño, oculto y desconocido, que su nombre no se halla en los mapas; y mientras yo pasaba las temporadas del curso escolar en las Universidades de Toledo y Valladolid, mis padres vivían en un tranquilo destierro en casa de mi tío el canónigo de Lerma. Allí fue de corregidor mi inolvidable Vallejo". (*Obras completas* II, p. 1811).

PERSONAS

Personajes de todo el drama.

DON JUAN TENORIO.

DON LUIS MEJÍA.

DON GONZALO DE ULLOA,
   Comendador de Calatrava.[2]

DON DIEGO TENORIO.

DOÑA INÉS DE ULLOA.

DOÑA ANA DE PANTOJA.

CRISTÓFANO BUTTARELLI.

MARCOS CIUTTI.

BRÍGIDA.

PASCUAL.

EL CAPITÁN CENTELLAS.

DON RAFAEL DE AVELLANEDA.

LUCÍA.

LA ABADESA DE LAS CALATRAVAS
   DE SEVILLA.

LA TORNERA DE ÍDEM.

GASTÓN.

MIGUEL.

UN ESCULTOR.

DOS ALGUACILES 1° Y 2°.

---

[2] El Comendador de Calatrava lleva el título de la orden militar más prestigiosa de España (las otras fueron las de Santiago, Alcántara y Montesa). La orden de Calatrava se fundó en el año 1158 bajo el reinado de Don

UN PAJE (*que no habla*).
LA ESTATUA DE DON GONZALO (*él mismo*).
LA SOMBRA DE DOÑA INÉS *(ella misma)*.

Caballeros sevillanos, encubiertos, curiosos,
esqueletos, estatuas, ángeles, sombras, justicia, pueblo.

La acción en Sevilla por los años 1545, últimos del Emperador Carlos V. Los cuatro primeros actos pasan en una sola noche. Los tres restantes cinco años después, y en otra noche.

Sancho III, rey de Castilla, y fue confirmada por el Papa Inocencio III en 1198. "La insignia que trahen los Caballeros y Freiles es una Cruz encarnada de los cuatro brazos iguales, en el hombro izquierdo de la capa, la qual con el tiempo se adornó alrededor con algunas labores de torzal de seda del mismo color" (*DRAE*). El personaje de Zorrilla no es invención suya; figura también en *El burlador de Sevilla,* de Tirso de Molina, y *No hay plazo que no se cumpla ni deuda que no se pague o El convidado de piedra,* de Antonio de Zamora.

PARTE PRIMERA

ACTO PRIMERO

LIBERTINAJE Y ESCÁNDALO

Personas

Don Juan.	Ciutti.
Don Luis.	Centellas.
Don Diego.	Avellaneda.
Don Gonzalo.	Gastón.
Buttarelli.	Miguel.

Caballeros, curiosos, enmascarados, rondas.

Hostería de Cristófano Buttarelli. Puerta en el fondo que da a la calle: mesas, jarros y demás utensilios propios de semejante lugar.

ESCENA PRIMERA

Don Juan, *con antifaz, sentado a una mesa escribiendo;* Buttarelli *y* Ciutti, *a un lado esperando. Al levantarse*

el telón, se ven pasar por la puerta del fondo máscaras,
estudiantes y pueblo con hachones, músicas, etc., etc.

D. JUAN.   ¡Cuál gritan esos malditos!
                   Pero, ¡mal rayo me parta
                   si en concluyendo la carta
                   no pagan caros sus gritos!
                   (*Sigue escribiendo.*)

BUTT.   (*A Ciutti.*) Buen Carnaval.

CIUTTI.   (*A Buttarelli.*) Buen agosto[3] 5
                   para rellenar la arquilla.[4]

BUTT.   ¡Quia! Corre ahora por Sevilla
                   poco gusto y mucho mosto.
                   Ni caen aquí buenos peces,
                   que son casas mal miradas   10
                   por gentes acomodadas
                   y atropelladas a veces.

CIUTTI.   Pero hoy…

BUTT.   Hoy no entra en la cuenta,
                   Ciutti: se ha hecho buen trabajo.

---

[3]   *buen agosto*: Aquí se refiere a "hacer su agosto". *DRAE*.
[4]   Según testimonio del propio autor, los personajes de Ciutti y Butarelli
se basan en amigos suyos: "La prueba más palpable de que hablaba yo en
ella y no D. Juan, es que los personajes que en escena esperaban, más a mí
que a él, eran Ciutti, el criado italiano que Jústiz, Allo y yo habíamos tenido
en el café del Turco de Sevilla, y Girólamo Buttarelli, el hostelero que me
había hospedado el año 42 en la calle del Carmen, cuya casa iban a derribar,
y cuya visita había yo recibido el día anterior. Ciutti era un pillete, muy
listo, que todo se lo encontraba hecho, a quien nunca se encontraba en su
sitio al primer llamamiento, y a quien otro camarero iba inmediatamente a
buscar fuera del café a una de dos casas de la vecindad, en una de las cuales
se vendía vino más o menos adulterado, y en otra, carne más o menos fres-
ca. Ciutti, a quien hizo célebre mi drama, logró fortuna, según me han
dicho, y se volvió a Italia".
   "Buttarelli era el más honrado hostelero de la villa del Oso: su padre Bene-
detto vino a España en los últimos años del reinado de Carlos III, y se estable-
ció en aquella hoy derribada casa de la calle del Carmen, cuya hostería llevaba el
nombre de la Virgen de esta advocación, y en donde yo conocí ya viejo a su
hijo Girólamo, el hostelero de mi *Don Juan*". *Recuerdos*, 1800-1801.

CIUTTI.	¡Chist! Habla un poco más bajo,	15
	que mi señor se impacienta	
	pronto.	
BUTT.	¿A su servicio estás?	
CIUTTI.	Ya ha un año.	
BUTT.	¿Y qué tal te sale?	
CIUTTI.	No hay prior que se me iguale;	
	tengo cuanto quiero y más.	20
	Tiempo libre, bolsa llena,	
	buenas mozas y buen vino.	
BUTT.	¡Cuerpo de tal,[5] qué destino!	
CIUTTI.	(*Señalando a don Juan.*)	
	Y todo ello a costa ajena.	
BUTT.	¿Rico, eh?	
CIUTTI.	Varea la plata.	25
BUTT.	¿Franco?	
CIUTTI.	Como un estudiante.	
BUTT.	¿Y noble?	
CIUTTI.	Como un infante.	
BUTT.	¿Y bravo?	
CIUTTI.	Como un pirata.	
BUTT.	¿Español?	
CIUTTI.	Creo que sí.	
BUTT.	¿Su nombre?	
CIUTTI.	Lo ignoro en suma.	30
BUTT.	¡Bribón! ¿Y dónde va?	
CIUTTI.	Aquí.	

---

[5] *cuerpo de tal:* locución interjectiva que normalmente denota ira o enfado; aquí Zorrilla la usa para denotar asombro.

BUTT.   Largo plumea.

CIUTTI.   Es gran pluma.

BUTT.   ¿Y a quién mil diablos escribe
               tan cuidadoso y prolijo?

CIUTTI.   A su padre.

BUTT.   ¡Vaya un hijo!   35

CIUTTI.   Para el tiempo en que se vive,
               es un hombre extraordinario.
               Mas silencio.

D. JUAN.   (*Cerrando la carta.*) Firmo y plego:
               ¿Ciutti?

CIUTTI.   ¿Señor?

D. JUAN.   Este pliego
               irá dentro del horario[6]   40
               en que reza doña Inés
               a sus manos a parar.

CIUTTI.   ¿Hay respuesta que aguardar?

D. JUAN.   Del[7] diablo con guardapiés
               que la asiste, de su dueña,   45
               que mis intenciones sabe,
               recogerás una llave,
               una hora y una seña;
               y más ligero que el viento,
               aquí otra vez.

CIUTTI.   Bien está. (*Vase.*)   50

---

[6] *horario:* libro de horas, es decir, libro que contiene las horas canónicas. Las horas canónicas son las diferentes partes del oficio divino que se
suele rezar en distintas horas del día.
[7] Ms: *De el;* sin embargo, el ritmo del verso no exige la separación de
los vocales en dos.

ESCENA II

DON JUAN, BUTTARELLI.

D. JUAN.   Cristófano, vieni quà.

BUTT.   Eccellenza!

D. JUAN.   Senti.

BUTT.   Sento.
Ma ho imparato il castigliano,
se è più facile al signor
la sua lingua…

D. JUAN.   Sí, es mejor;   55
lascia dunque il tuo toscano,
y dime: ¿don Luis Mejía
ha venido hoy?

BUTT.   Excelencia,
no está en Sevilla.

D. JUAN.   ¿Su ausencia
dura en verdad todavía?   60

BUTT.   Tal creo.

D. JUAN.   ¿Y noticia alguna
no tienes de él?

BUTT.   ¡Ah! Una historia
me viene ahora a la memoria
que os podrá dar…

D. JUAN.   ¿Oportuna
luz sobre el caso?

BUTT.   Tal vez.   65

D. JUAN.   Habla, pues.

BUTT.   (*Hablando consigo mismo.*)

No, no me engaño:
esta noche cumple el año,
lo había olvidado.

D. JUAN.
                              ¡Pardiez![8]
¿Acabarás con tu cuento?

BUTT.
Perdonad, señor, estaba   70
recordando el hecho.

D. JUAN.
                    ¡Acaba,
vive Dios!, que me impaciento.

BUTT.
Pues es el caso, señor,
que el caballero Mejía
por quien preguntáis dio un día   75
en la ocurrencia peor
que ocurrírsele podía.

D. JUAN.
          Suprime lo al hecho extraño;
que apostaron me es notorio
a quién haría en un año   80
con más fortuna más daño,
Luis Mejía y Juan Tenorio.

BUTT.
¿La historia sabéis?

D. JUAN.
                    Entera;
por eso te he preguntado
por Mejía.

BUTT.
                    ¡Oh! Me pluguiera[9]   85
que la apuesta se cumpliera,
que pagan bien y al contado.

D. JUAN.
¿Y no tienes confianza
en que don Luis a esta cita
acuda?

---

[8] ¡*Pardiez*!: "Expresión de estilo familiar, que se usa a modo de interjección, para explicar el ánimo en que se está, acerca de alguna cosa". *DRAE*. Con frecuencia, es exclamación que se dice para no blasfemar (¡*Por Dios*!).

[9] *pluguiera*: forma arcaica de *placer* que significa *complacer* o *agradar* (pretérito imperfecto de subjuntivo).

BUTT.	¡Quia! Ni esperanza: 90
	el fin del plazo se avanza,
	y estoy cierto que maldita
	la memoria que ninguno
	guarda de ello.
D. JUAN.	Basta ya.
	Toma.
BUTT.	Excelencia, ¿y de alguno 95
	de ellos sabéis vos?
D. JUAN.	Quizá.
BUTT.	¿Vendrán, pues?
D. JUAN.	Al menos uno;
	mas por si acaso los dos
	dirigen aquí sus huellas
	el uno del otro en pos, 100
	tus dos mejores botellas
	prevénles.
BUTT.	Mas…
D. JUAN.	¡Chito!¹⁰… Adiós.

ESCENA III

BUTTARELLI.

¡Santa Madona! De vuelta
Mejía y Tenorio están
sin duda… y recogerán   105
los dos la palabra suelta.
¡Oh!, sí, ese hombre tiene traza
de saberlo a fondo. (*Ruido dentro.*)
[¿Pero

---

¹⁰ *chito:* se dice *chitón* normalmente para pedir silencio.

qué es esto? (*Se asoma a la puerta.*)
                    ¡Anda! ¡El forastero
está riñendo en la plaza!   110
¡Válgame Dios! ¡Qué bullicio!
¡Cómo se le arremolina
chusma… ! ¡Y cómo la acoquina
él solo…! ¡Puf! ¡Qué estropicio!
¡Cuál corren delante de él!   115
No hay duda, están en Castilla[11]
los dos, y anda ya Sevilla
toda revuelta. ¡Miguel!

ESCENA IV

BUTTARELLI, MIGUEL.

MIGUEL.   Che comanda?

BUTT.   Presto, qui
          servi una tavola, amico;   120
          e del Lacryma[12] più antico
          porta due buttiglie.

MIGUEL.   Si,
          signor padron.

BUTT.   Micheletto,
          apparechia in carità
          lo più ricco che si fa,   125
          affrettati!

MIGUEL.   Già mi afretto,
          signore padrone. (*Vase.*)

_____

[11] *Castilla:* En el siglo XVI, el reino de Castilla incluía parte de lo que hoy es Andalucía; Sevilla formaba parte del reino de Castilla.
[12] *Lacryma: Lacryma Christi*, vino blanco italiano de la región de Nápoles, apreciado como vino fino que se servía de postre. El nombre significa *lágrima de Cristo* en latín.

ESCENA V

BUTTARELLI, DON GONZALO.

D. GONZ.   Aquí es.
          ¿Patrón?

BUTT.   ¿Qué se ofrece?

D. GONZ.   Quiero
          hablar con el hostelero.

BUTT.   Con él habláis; decid, pues.   130

D. GONZ. ¿Sois vos?

BUTT.   Sí; mas despachad,
          que estoy de priesa.[13]

D. GONZ.   En tal caso,
          ved si es cabal y de paso
          esa dobla,[14] y contestad.

BUTT.   ¡Oh, excelencia!

D. GONZ.   ¿Conocéis   135
          a don Juan Tenorio?

BUTT.   Sí.

D. GONZ. ¿Y es cierto que tiene aquí
          hoy una cita?

BUTT.   ¡Oh! ¿Seréis
          vos el otro?

D. GONZ.   ¿Quién?

[13] *priesa*: forma antigua de *prisa*; es decir, *tengo prisa*; lo mismo en v. 2301. También *apriesa* en vv. 852 y 1926.

[14] *dobla*: moneda de valor que se usaba en la Edad Media; *de paso* no figura en los diccionarios, pero implica aquí "de curso legal". Ver también v. 1393.

BUTT.	Don Luis.	
D. GONZ.	No; pero estar me interesa en su entrevista.	140
BUTT.	Esta mesa les preparo; si os servís en esotra colocaros, podréis presenciar la cena que les daré… ¡Oh! Será escena que espero que ha de admiraros.[15]	145
D. GONZ.	Lo creo.	
BUTT.	Son sin disputa los dos mozos más gentiles de España.	
D. GONZ.	Sí, y los más viles también.	
BUTT.	¡Bah! Se les imputa cuanto malo se hace hoy día; mas la malicia lo inventa, pues nadie paga su cuenta como Tenorio y Mejía.	150
D. GONZ.	¡Ya!	
BUTT.	Es afán de murmurar, porque conmigo, señor, ninguno lo hace mejor, y bien lo puedo jurar.	155
D. GONZ.	No es necesario; mas…	
BUTT.	¿Qué?	
D. GONZ.	Quisiera yo ocultamente verlos, y sin que la gente me reconociera.	160
BUTT.	A fe	

---

[15] *admiraros*: *causar sorpresa.*

que eso es muy fácil, señor.
Las fiestas de Carnaval,
al hombre más principal   165
permiten sin deshonor
de su linaje servirse
de un antifaz, y bajo él,
¿quién sabe, hasta descubrirse,
de qué carne es el pastel?   170

D. GONZ.   Mejor fuera en aposento
contiguo…

BUTT.   Ninguno cae
aquí.

D. GONZ.   Pues entonces trae
el antifaz.

BUTT.   Al momento.

ESCENA VI

DON GONZALO.

No cabe en mi corazón   175
que tal hombre pueda haber,
y no quiero cometer
con él una sinrazón.
Yo mismo indagar prefiero
la verdad…, mas, a ser cierta   180
la apuesta, primero muerta
que esposa suya la quiero.
No hay en la tierra interés
que si la daña me cuadre;
primero seré buen padre,   185
buen caballero después.
Enlace es de gran ventaja,

mas no quiero que Tenorio
del velo del deposorio
la recorte una mortaja.   190

ESCENA VII

DON GONZALO, BUTTARELLI, *que trae un antifaz.*

BUTT.	Ya está aquí.

D. GONZ.   Gracias, patrón;
¿tardarán mucho en llegar?

BUTT.   Si vienen no han de tardar;
cerca de las ocho son.

D. GONZ.   ¿Ésa es hora señalada?   195

BUTT.   Cierra el plazo, y es asunto
de perder quien no esté a punto
de la primer campanada.

D. GONZ.   Quiera Dios que sea una chanza,
y no lo que se murmura.   200

BUTT.   No tengo aún por muy segura
de que cumplan, la esperanza;
pero si tanto os importa
lo que ello sea saber,
pues la hora está al caer,   205
la dilación es ya corta.

D. GONZ.   Cúbrome pues, y me siento.
*(Se sienta en una mesa a la derecha
y se pone el antifaz.)*

BUTT.   *(Aparte.)* Curioso el viejo me tiene
del misterio con que viene…
Y no me quedo contento   210
hasta saber quién es él.
(Limpia y trajina, mirándole de reojo.)

D. GONZ.   (*Aparte.*) ¡Que un hombre como yo
                                             [tenga
                que esperar aquí, y se avenga
                con semejante papel!
                En fin, me importa el sosiego   215
                de mi casa, y la ventura
                de una hija sencilla y pura,
                y no es para echarlo a juego.

                ESCENA VIII

        DON GONZALO, BUTTARELLI, DON DIEGO,
                a la puerta del fondo.

D. DIEGO.   La seña está terminante,
                aquí es; bien me han informado;   220
                llego, pues.

BUTT.   ¿Otro embozado?

D. DIEGO.   ¿Ha de esta casa?

BUTT.   Adelante.

D. DIEGO.   ¿La hostería del Laurel?

BUTT.   En ella estáis, caballero.

D. DIEGO.   ¿Está en casa el hostelero?   225

BUTT.   Estáis hablando con él.

D. DIEGO.   ¿Sois vos Buttarelli?

BUTT.   Yo.

D. DIEGO.   ¿Es verdad que hoy tiene aquí
                Tenorio una cita?

BUTT.   Sí.

D. DIEGO.   ¿Y ha acudido a ella?

BUTT.	No	230
D. DIEGO.	Pero ¿acudirá?	
BUTT.	No sé.	
D. DIEGO.	¿Le esperáis vos?	
BUTT.	Por si acaso venir le place.	
D. DIEGO.	En tal caso, yo también le esperaré. (*Se sienta en el lado opuesto a* *don Gonzalo.*)	
BUTT.	¿Que os sirva vianda alguna queréis mientras?	235
D. DIEGO.	No; tomad. (*Dale dinero.*)[16]	
BUTT.	¡Excelencia!	
D. DIEGO.	Y excusad conversación importuna.	
BUTT.	Perdonad.	
D. DIEGO.	Vais perdonado; dejadme pues.	
BUTT.	(*Aparte.*) ¡Jesucristo!	240
	En toda mi vida he visto hombre más malhumorado.	
D. DIEGO.	(*Aparte.*) ¡Que un hombre de mi linaje descienda a tan ruin mansión! Pero no hay humillación a que un padre no se baje por un hijo. Quiero ver por mis ojos la verdad	245

---

[16] Peña y Cifuentes añaden esta acotación que no aparece en el manuscrito ni en la primera edición, pero que aclara la acción indicada por *tomad.*

y el monstruo de liviandad
a quien pude dar el ser.   250
(*Butarelli, que anda arreglando sus
trastos, contempla desde el fondo a
don Gonzalo y a don Diego que per-
manecerán embozados y en silencio.*)

BUTT.   ¡Vaya un par de hombres de piedra![17]
Para éstos sobra mi abasto;
mas, ¡pardiez!, pagan el gasto
que no hacen, y así se medra.

ESCENA IX

DON GONZALO, DON DIEGO, BUTTARELLI,
EL CAPITÁN CENTELLAS, AVELLANEDA, *dos caballeros*.

BUTT.   Vinieron, y os aseguro   255
que se efectuará la apuesta.

CENT.   Entremos pues. ¡Buttarelli!

BUTT.   Señor capitán Centellas,
¿vos por aquí?

CENT.   Sí, Cristófano.
¿Cuándo aquí sin mi presencia   260
tuvieron lugar las orgias[18]
que han hecho raya en la época?

BUTT.   Como ha tanto tiempo ya
que no os he visto.

CENT.   Las guerras

---

[17] Esta observación prefigura tanto la transformación de don Gonzalo en estatua como la transformación de la mansión de don Diego en panteón en la segunda parte del drama.

[18] *orgias*: aquí es palabra bisílaba por exigencias del verso; hubo alternancia acentual (*orgia / orgía*) en esta palabra.

JOSÉ ZORRILLA

	del emperador a Túnez[19]	265
	me llevaron; mas mi hacienda	
	me vuelve a traer a Sevilla;	
	y según lo que me cuentan	
	llego lo más a propósito	
	para renovar añejas	270
	amistades. Conque apróntanos	
	luego unas cuantas botellas,	
	y en tanto que humedecemos	
	la garganta, verdadera	
	relación haznos de un lance	275
	sobre el cual hay controversia.	
BUTT.	Todo se andará, mas antes	
	dejadme ir a la bodega.	
VARIOS.	Sí, sí.	

ESCENA X

Dichos, menos BUTTARELLI.

CENT.[20]	Sentarse, señores,	
	y que siga Avellaneda	280
	con la historia de don Luis.	

[19] Centellas se refiere a la conquista de este pueblo del norte de África en 1535. El emperador Carlos V (1500-1558) emprendió la campaña contra el corsario turco Barbarroja a finales de mayo de 1535. Barbarroja se había apoderado de dicho reino en el año 1534 y planeaba, se creía, asaltos contra Italia desde Túnez. Con la ayuda de tropas del Papa Pablo III, del rey Juan III de Portugal y de la Orden de San Juan (desde Malta), Carlos hizo rendir a Barbarroja a mediados de julio y ganó no sólo el puerto, sino unos ochenta y cinco galeones turcos y unos veinte mil prisioneros cristianos. Fue una de sus grandes victorias en el Mediterráneo contra la amenaza turca. Ver el marqués de Mulhacén, *Carlos V y su política mediterránea* (Madrid: CSIC, 1962): 135-139.

[20] La edición de 1844 tiene *Avell.* aquí, evidente error de imprenta por *Cent.*

AVELL.	No hay ya más que decir de ella	
	sino que creo imposible	
	que la de Tenorio sea	
	más endiablada, y que apuesto	285
	por don Luis.	

CENT.   Acaso pierdas.
Don Juan Tenorio se sabe
que es la más mala cabeza
del orbe, y no hubo hombre alguno
que aventajarle pudiera   290
con sólo su inclinación;
conque ¿qué hará si se empeña?

AVELL.   Pues yo sé bien que Mejía
las ha hecho tales, que a ciegas
se puede apostar por él.   295

CENT.   Pues el capitán Centellas
pone por don Juan Tenorio
cuanto tiene.

AVELL.   Pues se acepta
por don Luis, que es muy mi amigo.

CENT.   Pues todo en contra se arriesga;   300
porque no hay como Tenorio
otro hombre sobre la tierra,
y es proverbial su fortuna
y extremadas sus empresas.

ESCENA XI

Dichos, BUTTARELLI, *con botellas.*

BUTT.   Aquí hay Falerno, Borgoña,   305
Sorrento.[21]

---

[21] Vinos de gran prestigio; el Falerno y el Sorrento son italianos, el Borgoña, francés.

CENT.	De lo que quieras
	sirve, Cristófano, y dinos:
	¿qué hay de cierto en una apuesta
	por don Juan Tenorio ha un año
	y don Luis Mejía hecha? 310

BUTT.   Señor capitán, no sé
tan a fondo la materia
que os pueda sacar de dudas,
pero diré lo que sepa.

VARIOS.   Habla, habla.

BUTT.   Yo, la verdad,   315
aunque fue en mi casa mesma[22]
la cuestión entre ambos, como
pusieron tan larga fecha
a su plazo, creí siempre
que nunca a efecto viniera;   320
así es, que ni aun me acordaba
de tal cosa a la hora de ésta.
Mas esta tarde, sería
el anochecer apenas,
entróse aquí un caballero   325
pidiéndome que le diera
recado con que escribir
una carta; y a sus letras
atento no más, me dio
tiempo a que charla metiera   330
con un paje que traía
paisano mío, de Génova.
No saqué nada del paje,
que es, por Dios, muy brava pesca;[23]
mas cuando su amo acababa   335
su carta, le envió con ella
a quien iba dirigida;
el caballero en mi lengua
me habló y me pidió noticias

---

[22] *mesma:* arcaismo por *misma*.
[23] *muy brava pesca:* persona muy sagaz o industriosa.

de don Luis. Dijo que entera   340
sabía de ambos la historia,
y que tenía certeza
de que al menos uno de ellos
acudiría a la apuesta.
Yo quise saber más de él,   345
mas púsome dos monedas
de oro en la mano diciéndome
así, como a la deshecha:[24]
"Y por si acaso los dos
al tiempo aplazado llegan,   350
ten prevenidas para ambos
tus dos mejores botellas".
Largóse sin decir más,
y yo, atento a sus monedas,
les puse en el mismo sitio   355
donde apostaron, la mesa.
Y vedla allí con dos sillas,
dos copas y dos botellas.

AVELL.   Pues, señor, no hay que dudar;
              era don Luis.

CENT.   Don Juan era.   360

AVELL.   ¿Tú no le viste la cara?

BUTT.   Si la traía cubierta
              con un antifaz.

CENT.   Pero, hombre,
              ¿tú a los dos no les recuerdas?
              ¿O no sabes distinguir   365
              a las gentes por sus señas
              lo mismo que por sus caras?

BUTT.   Pues confieso mi torpeza;
              no le supe conocer,

---

[24] Este verso no figura en la primera edición, obvia errata tipográfica (la rima del romance e-a indica su necesidad); *a la deshecha* significa *disimuladamente* en este contexto. Zorrilla mismo lo corrige en la edición de 1852.

y lo procuré de veras.   370
Pero silencio.

AVELL.   ¿Qué pasa?

BUTT.   A dar el reló comienza
                los cuartos para las ocho.   (*Dan.*)

CENT.   Ved, ved la gente que se entra.

AVELL.   Como que está de este lance   375
                curiosa Sevilla entera.
                (*Se oyen dar las ocho; varias perso-*
                nas entran y se reparten en silencio
                por la escena; al dar la última cam-
                panada, don Juan, con antifaz, se
                llega a la mesa que ha preparado
                Buttarelli en el centro del escenario,
                y se dispone a ocupar una de las dos
                sillas que están delante de ella. In-
                mediatamente después de él, entra
                don Luis, también con antifaz, y se
                dirige a la otra. Todos los miran.)

                      ESCENA XII

        DON DIEGO, DON GONZALO, DON JUAN, DON LUIS,
        BUTTARELLI, CENTELLAS, AVELLANEDA, *caballeros,*
                curiosos, enmascarados.

AVELL.   (*A Centellas, por don Juan.*)
                Verás aquél, si ellos vienen,
                qué buen chasco que se lleva.
CENT.   (*A Avellaneda, por don Luis.*)
                Pues allí va otro a ocupar
                la otra silla; ¡uf!, ¡aquí es ella![25]   380

²⁵ ¡*aquí es ella*!: expresión que significa *aquí se va a armar una buena.*

D. JUAN.   *(A don Luis.)*
                Esa silla está comprada,
                hidalgo.

D. LUIS.   *(A don Juan.)*
                            Lo mismo digo,
                hidalgo; para un amigo
                tengo yo esotra pagada.

D. JUAN.   Que ésta es mía haré notorio.   385

D. LUIS.   Y yo también que ésta es mía.

D. JUAN.   Luego sois don Luis Mejía.

D. LUIS.   Seréis, pues, don Juan Tenorio.

D. JUAN.   Puede ser.

D. LUIS.   Vos lo decís.

D. JUAN.   ¿No os fiáis?

D. LUIS.   No.

D. JUAN.   Yo tampoco.   390

D. LUIS.   Pues no hagamos más el coco.[26]

D. JUAN.   Yo soy don Juan. *(Quitándose la más-*
                cara.)

D. LUIS.   *(Íd.)*   Yo don Luis.
                (Se descubren y se sientan. El Capitán
                Centellas, Avellaneda, Buttarelli y
                algunos otros se van a ellos y les salu-
                dan, abrazan y dan la mano, y hacen
                otras semejantes muestras de cariño y
                amistad. Don Juan y don Luis las
                aceptan cortésmente.)

CENT.   ¡Don Juan!

AVELL.   ¡Don Luis!

---

[26] *el coco*: *hacer el coco* significa aquí *hacer señas* o *expresiones inú-*
tiles.

| D. JUAN. | ¡Caballeros! |
| D. LUIS. | ¡Oh, amigos! ¿Qué dicha es ésta? |

AVELL.   Sabíamos vuestra apuesta   395
           y hemos acudido a veros.

D. LUIS.   Don Juan y yo tal bondad
           en mucho os agradecemos.

D. JUAN.   El tiempo no malgastemos,
           don Luis. (*A los otros.*) Sillas arrimad. 400
           (*A los que están lejos.*)
           Caballeros, yo supongo
           que a ucedes[27] también aquí
           les trae la apuesta, y por mí
           a antojo tal no me opongo.

D. LUIS.   Ni yo; que aunque nada más   405
           fue el empeño entre los dos,
           no ha de decirse ¡por Dios!
           que me avergonzó jamás.

D. JUAN.   Ni a mí, que el orbe es testigo
           de que hipócrita no soy,   410
           pues por doquiera que voy
           va el escándalo conmigo.

D. LUIS.   ¡Eh! ¿Y esos dos no se llegan
           a escuchar? Vos. (*Por don Diego y
           don Gonzalo.*)

D. DIEGO.   Yo estoy bien.

D. LUIS.   ¿Y vos?

D. GONZ.   De aquí oigo también.   415

D. LUIS.   Razón tendrán si se niegan.
           (*Se sientan todos alrededor de la
           mesa en que están don Luis Mejía y
           don Juan Tenorio.*)

---

[27] *ucedes*: Forma arcaica de *ustedes*.

D. JUAN.	¿Estamos listos?
D. LUIS.	Estamos.
D. JUAN.	Como quien somos cumplimos.
D. LUIS.	Veamos, pues, lo que hicimos.
D. JUAN.	Bebamos antes.
D. LUIS.	Bebamos. (*Lo hacen.*) 420
D. JUAN.	La apuesta fue…
D. LUIS.	Porque un día

dije que en España entera
no habría nadie que hiciera
lo que hiciera Luis Mejía.

D. JUAN.   Y siendo contradictorio   425
al vuestro mi parecer,
yo os dije: "Nadie ha de hacer
lo que hará don Juan Tenorio".
¿No es así?

D. LUIS.   Sin duda alguna;
y vinimos a apostar   430
quién de ambos sabría obrar
peor, con mejor fortuna,
en el término de un año;
juntándonos aquí hoy
a probarlo.

D. JUAN.   Y aquí estoy.   435

D. LUIS.   Y yo.

CENT.   ¡Empeño bien extraño,
por vida mía!

D. JUAN.   Hablad, pues.

D. LUIS.   No, vos debéis empezar.

D. JUAN.   Como gustéis, igual es,
que nunca me hago esperar.   440

Pues, señor, yo desde aquí
buscando mayor espacio
para mis hazañas, di
sobre Italia, porque allí
tiene el placer un palacio.   445
De la guerra y del amor
antigua y clásica tierra,
y en ella el emperador,
con ella y con Francia en guerra,[28]
díjeme: "¿Dónde mejor?   450
Donde hay soldados hay juego,
hay pendencias y amoríos".
Di, pues, sobre Italia luego,
buscando a sangre y a fuego
amores y desafíos.   455
En Roma, a mi apuesta fiel,
fijé, entre hostil y amatorio,
en mi puerta este cartel:
"*Aquí está don Juan Tenorio*
para quien quiera algo de él ".[29]   460
De aquellos días la historia
a relataros renuncio;
remítome a la memoria
que dejé allí, y de mi gloria
podéis juzgar por mi anuncio.   465
Las romanas, caprichosas,
las costumbres, licenciosas,
yo, gallardo y calavera:
¿quién a cuento redujera
mis empresas amorosas?   470
Salí de Roma, por fin,
como os podéis figurar:
con un disfraz harto ruin,
y a lomos de un mal rocín,

---

[28] España tuvo constante enemistad con Francia durante el reinado de Carlos I (hubo tres guerras entre 1521, cuando los franceses invadieron Navarra, y 1547, cuando murió el rival del emperador, Francisco I).

[29] La primera edición no pone estos versos en cursiva, pero sí los del segundo cartel.

Una escena de *Don Juan Tenorio* que transcurre en la hostería del Laurel, con Guillermo Marín y Adolfo Marsillach en los papeles de don Juan y don Luis. (Producción del Teatro Español, 1954, con dirección de José Tamayo, figurines de Emilio Burgos y escenografía de Hipólito Hidalgo de Caviedes).

Foto Gyenes, publicada por cortesía
del Centro de Documentación Teatral.

Página del manuscrito de *Don Juan Tenorio,* con los célebres versos "Por donde quiera que fui / la razón atropellé..." (Primera Parte, Acto I, Escena XII).

pues me querían ahorcar.   475
Fui al ejército de España;
mas todos paisanos míos,
soldados y en tierra extraña,
dejé pronto su compaña
tras cinco o seis desafíos.   480
Nápoles, rico vergel
de amor,[30] del placer emporio,
vio en mi segundo cartel:
"*Aquí está don Juan Tenorio,
y no hay hombre para él.*   485
Desde la princesa altiva
a la que pesca en ruin barca,
no hay hembra a quien no suscriba;
y a cualquier empresa abarca
si en oro o valor estriba.   490
Búsquenle los reñidores;
cérquenle los jugadores;
quien se precie que le ataje,
a ver si hay quien le aventaje
en juego, en lid o en amores".   495
Esto escribí; y en medio año
que mi presencia gozó
Nápoles, no hay lance extraño,
no hay escándalo ni engaño
en que no me hallara yo.   500
Por donde quiera que fui,
la razón atropellé,
la virtud escarnecí,
a la justicia burlé,
y a las mujeres vendí.   505
Yo a las cabañas bajé,
yo a los palacios subí,
yo los claustros escalé,
y en todas partes dejé
memoria amarga de mí.   510

[30] *vergel de amor:* este concepto se popularizará años más tarde cuando
Agustín Durán publique su *Leyenda de las tres toronjas del vergel de amor*
(Madrid: Eusebio Aguado, 1856).

Ni reconocí sagrado,
ni hubo ocasión ni lugar
por mi audacia respetado;
ni en distinguir me he parado
al clérigo del seglar.   515
A quien quise provoqué,
con quien quiso me batí,
y nunca consideré
que pudo matarme a mí
aquel a quien yo maté.   520
A esto don Juan se arrojó,
y escrito en este papel
está cuanto consiguió;
y lo que él aquí escribió,
mantenido está por él.   525

D. LUIS.   Leed, pues.

D. JUAN.   No; oigamos antes
vuestros bizarros extremos,
y si traéis terminantes
vuestras notas comprobantes,
lo escrito cotejaremos.   530

D. LUIS.   Decís bien; cosa es que está,
don Juan, muy puesta en razón;
aunque, a mi ver, poco irá
de una a otra relación.

D. JUAN.   Empezad, pues.

D. LUIS.   Allá va.   535
Buscando yo, como vos,
a mi aliento empresas grandes,
dije: "¿Dó iré ¡vive Dios!,
de amor y lides en pos,
que vaya mejor que a Flandes?   540
Allí, puesto que empeñadas
guerras hay, a mis deseos
habrá al par centuplicadas
ocasiones extremadas

de riñas y galanteos".   545
Y en Flandes conmigo di,
mas con tan negra fortuna,
que al mes de encontrarme allí
todo mi caudal perdí,
dobla a dobla, una por una.   550
En tan total carestía
mirándome de dineros
de mí todo el mundo huía;
mas yo busqué compañía
y me uní a unos bandoleros.   555
Lo hicimos bien, ¡voto a tal!,
y fuimos tan adelante
con suerte tan colosal
que entramos a saco en Gante
el palacio episcopal.   560
¡Qué noche! Por el decoro
de la Pascua, el buen obispo
bajó a presidir el coro,
y aún de alegría me crispo
al recordar su tesoro.   565
Todo cayó en poder nuestro;
mas mi capitán, avaro,
puso mi parte en secuestro;
reñimos, fui yo más diestro
y le crucé[31] sin reparo.   570
Juróme al punto la gente
capitán, por más valiente;
juréles yo amistad franca,
pero a la noche siguiente
huí, y les dejé sin blanca.   575
Yo me acordé del refrán
de que quien roba al ladrón
ha cien años de perdón,
y me arrojé a tal desmán

---

[31] *le crucé*: "cruzar la cara a uno" significaba cortarle o darle de cuchi-
lladas en el rostro a un enemigo con la espada o con otra arma aguda, "lo
que regularmente se hace con ánimo de venganza y desprecio, para dejarle
señalado". *DRAE*.

mirando a mi salvación. 580
Pasé a Alemania opulento:
mas un provincial jerónimo,[32]
hombre de mucho talento,
me conoció, y al momento
me delató en un anónimo. 585
Compré a fuerza de dinero
la libertad y el papel;
y topando en un sendero
al fraile, le envié certero
una bala envuelta en él. 590
Salté a Francia. ¡Buen país!,
y como en Nápoles vos,
puse un cartel en París
diciendo: *"Aquí hay un don Luis*
que vale lo menos dos.[33] 595
Parará aquí algunos meses,
y no trae más intereses
ni se aviene a más empresas,
que a adorar a las francesas
y a reñir con los franceses". 600
Esto escribí; y en medio año
que mi presencia gozó
París, no hubo lance extraño,
ni hubo escándalo ni daño
donde no me hallara yo. 605
Mas como don Juan, mi historia
también a alargar renuncio;
que basta para mi gloria
la magnífica memoria
que allí dejé con mi anuncio. 610
Y cual vos, por donde fui

---

[32] *un provincial jerónimo*: un *provincial* (religioso que tiene el gobierno sobre una provincia) de la orden de San Jerónimo.

[33] *Aquí hay un don Luis / que vale lo menos dos*: puede haber aquí un juego de palabras. Don Luis dice que es tan hombre que vale por dos, y vale por lo menos dos *luises*, moneda de oro francesa que valía 20 francos. Si fuera así, existiría un anacronismo interno en la obra porque el *luis* empezó a acuñarse en tiempos de Luis XIII (1601-1643).

la razón atropellé,
la virtud escarnecí,
a la justicia burlé,
y a las mujeres vendí.   615
Mi hacienda llevo perdida
tres veces, mas se me antoja
reponerla, y me convida
mi boda comprometida
con doña Ana de Pantoja.   620
Mujer muy rica me dan,
y mañana hay que cumplir
los tratos que hechos están;
lo que os advierto, don Juan,
por si queréis asistir.   625
A esto don Luis se arrojó,
y escrito en este papel
está lo que consiguió;
y lo que él aquí escribió,
mantenido está por él.   630

D. JUAN.   La historia es tan semejante
que está en el fiel la balanza;
mas vamos a lo importante,
que es el guarismo[34] a que alcanza
el papel; conque adelante.   635

D. LUIS.   Razón tenéis, en verdad.
Aquí está el mío: mirad,
por una línea apartados
traigo los nombres sentados,
para mayor claridad.   640

D. JUAN.   Del mismo modo arregladas
mis cuentas traigo en el mío:
en dos líneas separadas,
los muertos en desafío
y las mujeres burladas.   645

---

[34] *guarismo: número, cifra*, esto es, la cifra total a que ascienden las "hazañas" de cada uno.

Contad.

D. LUIS.   Contad.

D. JUAN.   Veinte y tres.

D. LUIS.   Son los muertos. A ver vos.
                ¡Por la cruz de San Andrés![35]
                Aquí sumo treinta y dos.

D. JUAN.   Son los muertos.

D. LUIS.   Matar es.   650

D. JUAN.   Nueve os llevo.

D. LUIS.   Me vencéis.
                Pasemos a las conquistas.

D. JUAN.   Sumo aquí cincuenta y seis.

D. LUIS.   Y yo sumo en vuestras listas
                setenta y dos.

D. JUAN.   Pues perdéis   655

D. LUIS.   ¡Es increíble, don Juan!

D. JUAN.   Si lo dudáis, apuntados
                los testigos ahí están,
                que si fueren preguntados
                os lo testificarán.   660

D. LUIS.   ¡Oh! Y vuestra lista es cabal.

D. JUAN.   Desde una princesa real
                a la hija de un pescador,
                ¡oh!, ha recorrido mi amor
                toda la escala social.   665
                ¿Tenéis algo que tachar?

D. LUIS.   Sólo una os falta en justicia.

D. JUAN.   ¿Me la podéis señalar?

[35] *la cruz de San Andrés*: San Andrés, hermano de San Pedro y uno de los
doce Apóstoles de Cristo, sufrió martirio en una cruz en forma de aspa o X.

D. LUIS.	Sí, por cierto: una novicia que esté para profesar.[36]	670
D. JUAN.	¡Bah! Pues yo os complaceré doblemente, porque os digo que a la novicia uniré la dama de algún amigo que para casarse esté.	675
D. LUIS.	¡Pardiez que sois atrevido!	
D. JUAN.	Yo os lo apuesto si queréis.	
D. LUIS.	Digo que acepto el partido. ¿Para darlo por perdido queréis veinte días?	
D. JUAN.	Seis.	680
D. LUIS.	¡Por Dios que sois hombre extraño! ¿Cuántos días empleáis en cada mujer que amáis?	
D. JUAN.	Partid los días del año entre las que ahí encontráis. Uno para enamorarlas, otro para conseguirlas, otro para abandonarlas, dos para sustituirlas y un hora[37] para olvidarlas. Pero, la verdad a hablaros, pedir más no se me antoja, porque, pues vais a casaros, mañana pienso quitaros a doña Ana de Pantoja.	685 690 695

[36] El "catálogo" enumerado por don Juan y don Luis tiene amplios precedentes en la literatura donjuanesca, desde *Il convitato di pietra* (Giacinto Cicognini, 1650) hasta Zorrilla. Ver Denah Lida, El 'catálogo' de *Don Giovanni* y el de *Don Juan Tenorio"*, *Actas del III Congreso Internacional de Hispanistas* (México: Colegio de México, 1970): 553-561.
[37] *un hora:* La primera edición reza así (*un hora*) para mantener el octosílabo (ver también el v. 1858); se respeta aquí por ser un uso muy frecuente, aunque arcaizante en tiempo de Zorrilla.

D. LUIS.	Don Juan, ¿qué es lo que decís?
D. JUAN.	Don Luis, lo que oído habéis.
D. LUIS.	Ved, don Juan, lo que emprendéis.
D. JUAN.	Lo que he de lograr, don Luis.
D. LUIS.	Gastón.
GASTÓN.	Señor.
D. LUIS.	Ven acá. 700

(*Habla don Luis en secreto con Gastón y éste se va precipitadamente.*)

D. JUAN.	Ciutti.
CIUTTI.	Señor.
D. JUAN.	Ven aquí.

(*Don Juan habla en secreto con Ciutti, y éste se va precipitadamente.*)

D. LUIS.	¿Estáis en lo dicho?
D. JUAN.	Sí.
D. LUIS.	Pues va la vida.
D. JUAN.	Pues va.

(*Don Gonzalo, levantándose de la mesa en que ha permanecido inmóvil durante la escena anterior, se afronta con Don Juan y Don Luis.*)

D. GONZ.   ¡Insensatos! Vive Dios
que, a no temblarme las manos,   705
a palos como a villanos
os diera muerte a los dos.

D. JUAN.
D. LUIS.   } Veamos.

D. GONZ.   Excusado es,
que he vivido lo bastante

	para no estar arrogante	710
	donde no puedo.	

D. JUAN.   Idos, pues.

D. GONZ.   Antes, don Juan, de salir
            de donde oírme podáis,
            es necesario que oigáis
            lo que os tengo que decir.   715
            Vuestro buen padre don Diego,
            porque pleitos acomoda,
            os apalabró una boda
            que iba a celebrarse luego;
            pero por mí mismo yo,   720
            lo que erais queriendo ver,
            vine aquí al anochecer,
            y el veros me avergonzó.

D. JUAN.   ¡Por Satanás, viejo insano,
            que no sé cómo he tenido   725
            calma para haberte oído
            sin asentarte la mano!
            Pero di pronto quién eres,
            porque me siento capaz
            de arrancarte el antifaz   730
            con el alma que tuvieres.

D. GONZ.   ¡Don Juan!

D. JUAN.   ¡Pronto!

D. GONZ.   Mira pues.

D. JUAN.   ¡Don Gonzalo!

D. GONZ.   El mismo soy.
            Y adiós, don Juan; mas desde hoy
            no penséis en doña Inés.   735
            Porque antes que consentir
            en que se case con vos,
            el sepulcro, ¡juro a Dios!,
            por mi mano la he de abrir.

D. JUAN.	Me hacéis reír, don Gonzalo;	740
	pues venirme a provocar	
	es como ir a amenazar	
	a un león con un mal palo.	
	Y pues hay tiempo, advertir	
	os quiero a mi vez a vos	745
	que o me la dais, o por Dios	
	que a quitárosla he de ir.	

D. GONZ.	¡Miserable!	

D. JUAN.	Dicho está;	
	sólo una mujer como ésta	
	me falta para mi apuesta;	750
	ved pues que apostada va.	

(*Don Diego, levantándose de la mesa en que ha permanecido encubierto mientras la escena anterior, baja al centro de la escena, encarándose con don Juan.*)

D. DIEGO.	No puedo más escucharte,	
	vil don Juan, porque recelo	
	que hay algún rayo en el cielo	
	preparado a aniquilarte.	755
	¡Ah…! No pudiendo creer	
	lo que de ti me decían,	
	confiando en que mentían,	
	te vine esta noche a ver.	
	Pero te juro, malvado,	760
	que me pesa haber venido	
	para salir convencido	
	de lo que es para ignorado.	
	Sigue, pues, con ciego afán	
	en tu torpe frenesí,	765
	mas nunca vuelvas a mí;	
	no te conozco, don Juan.	

D. JUAN.	¿Quién nunca a ti se volvió?	
	¿Ni quién osa hablarme así,	
	ni qué se me importa a mí	770

	que me conozcas o no?	
D. DIEGO.	Adiós, pues; mas no te olvides de que hay un Dios justiciero.	
D. JUAN.	Ten. (*Deteniéndole.*)	
D. DIEGO.	¿Qué quieres?	
D. JUAN.	Verte quiero.	
D. DIEGO.	Nunca, en vano me lo pides.	775
D. JUAN.	¿Nunca?	
D. DIEGO.	No.	
D. JUAN.	Cuando me cuadre.	
D. DIEGO.	¿Cómo?	
D. JUAN.	Así. (*Le arranca el antifaz.*)	
TODOS.	¡Don Juan!	
D. DIEGO.	¡Villano! ¡Me has puesto en la faz la mano![38]	
D. JUAN.	¡Válgame Cristo, mi padre!	
D. DIEGO.	Mientes, no lo fui jamás.	780
D. JUAN.	¡Reportaos, con Belcebú!	
D. DIEGO.	No, los hijos como tú son hijos de Satanás. Comendador, nulo sea lo hablado.	
D. GONZ.	Ya lo es por mí; vamos.	785
D. DIEGO.	Sí, vamos de aquí donde tal monstruo no vea. Don Juan, en brazos del vicio desolado te abandono:	

[38] Es un acto sumamente irrespetuoso y atrevido poner la mano en la cara de un señor noble, de un padre aún más.

me matas…, mas te perdono   790
de Dios en el santo juicio.
(*Vanse poco a poco don Diego y don
Gonzalo.*)

D. JUAN.   Largo el plazo me ponéis;[39]
mas ved que os quiero advertir
que yo no os he ido a pedir
jamás que me perdonéis.   795
Conque no paséis afán
de aquí adelante por mí,
que como vivió hasta aquí,
vivirá siempre don Juan.

ESCENA XIII

DON JUAN, DON LUIS, CENTELLAS, AVELLANEDA,
BUTTARELLI, *curiosos, máscaras.*

D. JUAN.   ¡Eh! Ya salimos del paso;   800
y no hay que extrañar la homilia:[40]
son pláticas de familia,
de las que nunca hice caso.
Conque lo dicho, don Luis,
van doña Ana y doña Inés   805
en apuesta.

D. LUIS.   Y el precio es
la vida.[41]

D. JUAN.   Vos lo decís;
vamos.

[39] *Largo el plazo me ponéis:* probable referencia a la famosa frase del don Juan de Tirso en *El burlador de Sevilla,* "¡Qué largo me lo fiáis!"

[40] *homilia:* para mantener la rima con *familia* en el siguiente verso, se modifica la acentuación habitual, *homilía.*

[41] Veremos que aunque D. Luis dice esto parcialmente en broma, resulta que será la verdad.

D. LUIS.   Vamos.
                           (*Al salir se presenta una ronda, que
                           les detiene.*)

ESCENA XIV

Dichos, una ronda de ALGUACILES.

ALGUACIL.   ¡Alto allá!
                           ¿Don Juan Tenorio?

D. JUAN.   Yo soy.

ALGUACIL.   Sed preso.

D. JUAN.   ¿Soñando estoy?   810
                           ¿Por qué?

ALGUACIL.   Después lo verá.

D. LUIS.   (*Acercándose a don Juan y riéndose.*)
                 Tenorio, no lo extrañéis,
                 pues, mirando a lo apostado,
                 mi paje os ha delatado,
                 para que vos no ganéis.   815

D. JUAN.   ¡Hola! Pues no os suponía
                 con tal despejo, ¡pardiez!

D. LUIS.   Id pues, que por esta vez,
                 don Juan, la partida es mía.

D. JUAN.   Vamos, pues.
                 (*Al salir, les detiene otra ronda que
                 entra en la escena.*)

ESCENA XV

Dichos. Una ronda.

ALGUACIL.	(*Que entra.*) Ténganse allá.	820
	¿Don Luis Mejía?	
D. LUIS.	Yo soy.	
ALGUACIL.	Sed preso.	
D. LUIS.	¿Soñando estoy?	
	¡Yo preso!	
D. JUAN.	(*Soltando la carcajada.*)	
	¡Ja, ja, ja, ja!	
	Mejía, no lo extrañéis,	
	pues, mirando a lo apostado,	825
	mi paje os ha delatado	
	para que no me estorbéis.[42]	
D. LUIS.	Satisfecho quedaré	
	aunque ambos muramos.	
D. JUAN.	Vamos.	
	Conque, señores, quedamos	830
	en que la apuesta está en pie.	
	(*Las rondas se llevan a don Juan y a don Luis; muchos los siguen. El Capitan Centellas, Avellaneda, y sus amigos, quedan en la escena mirándose unos a otros.*)	

---

[42] Nótese la repetición aquí de los versos que antes ha dicho D. Luis.

ESCENA XVI

El Capitán Centellas, Avellaneda.

AVELL.	¡Parece un juego ilusorio!
CENT.	¡Sin verlo no lo creería!
AVELL.	Pues yo apuesto por Mejía.
CENT.	Y yo pongo por Tenorio. 835

F I N
DEL ACTO PRIMERO

ACTO SEGUNDO

DESTREZA

Personas

DON JUAN TENORIO.	PASCUAL.
DON LUIS MEJÍA.	LUCÍA.
DOÑA ANA DE PANTOJA.	BRÍGIDA.
CIUTTI.	

Tres embozados del servicio de don Juan. Exterior de la casa de doña Ana, vista por una esquina. Las dos paredes que forman el ángulo se prolongan igualmente por ambos lados, dejando ver en la de la derecha una reja, y en la de la izquierda, una reja y una puerta.

ESCENA PRIMERA

DON LUIS MEJÍA, *embozado.*

D. LUIS.
Ya estoy frente de la casa
de doña Ana, y es preciso
que esta noche tenga aviso
de lo que en Sevilla pasa.
No di con persona alguna,   840
por dicha mía…¡Oh, qué afán!
Pero ahora, señor don Juan,
cada cual con su fortuna.
Si honor y vida se juega,
mi destreza y mi valor   845

por mi vida y por mi honor
jugarán…; mas alguien llega.

ESCENA II

DON LUIS, PASCUAL.

PASCUAL.   ¡Quién creyera lance tal!
               ¡Jesús, qué escándalo! ¡Presos!

D. LUIS.   ¡Qué veo! ¿Es Pascual?

PASCUAL.   Los sesos   850
               me estrellaría.

D. LUIS.   ¿Pascual?

PASCUAL.   ¿Quién me llama tan apriesa?

D. LUIS.   Yo. Don Luis.

PASCUAL.   ¡Válame Dios!

D. LUIS.   ¿Qué te asombra?

PASCUAL.   Que seáis vos.

D. LUIS.   Mi suerte, Pascual, es ésa.   855
               Que a no ser yo quien me soy,
               y a no dar contigo ahora,
               el honor de mi señora
               doña Ana moría hoy.

PASCUAL.   ¿Qué es lo que decís?

D. LUIS.   ¿Conoces   860
               a don Juan Tenorio?

PASCUAL.   Sí.
               ¿Quién no le conoce aquí?
               Mas, según públicas voces,
               estabais presos los dos.

| | Vamos, ¡lo que el vulgo miente! | 865 |

D. LUIS.	Ahora acertadamente	
	habló el vulgo; y juro a Dios	
	que, a no ser porque mi primo,	
	el tesorero real,	
	quiso fiarme, Pascual,	870
	pierdo cuanto más estimo.	

| PASCUAL. | ¿Pues cómo? | |

| D. LUIS. | ¿En servirme estás? | |

| PASCUAL. | Hasta morir. | |

D. LUIS.	Pues escucha.	
	Don Juan y yo en una lucha	
	arriesgada por demás	875
	empeñados nos hallamos;	
	pero, a querer tú ayudarme,	
	más que la vida salvarme	
	puedes.	

| PASCUAL. | ¿Qué hay que hacer? Sepamos. | |

D. LUIS.	En una insigne locura	880
	dimos tiempo ha: en apostar	
	cuál de ambos sabría obrar	
	peor, con mejor ventura.	
	Ambos nos hemos portado	
	bizarramente a cuál más;	885
	pero él es un Satanás,	
	y por fin me ha aventajado.	
	Púsele no sé qué pero,	
	dijímonos no sé qué	
	sobre ello, y el hecho fue	890
	que él, mofándome altanero,	
	me dijo: "Y si esto no os llena,	
	pues que os casáis con doña Ana,	
	os apuesto a que mañana	
	os la quito yo".	

| PASCUAL. | ¡Ésa es buena! | 895 |

¿Tal se ha atrevido a decir?

D. LUIS.   No es lo malo que lo diga,
Pascual, sino que consiga
lo que intenta.

PASCUAL.   ¿Conseguir?
En tanto que yo esté aquí   900
descuidad, don Luis.

D. LUIS.   Te juro
que si el lance no aseguro,
no sé qué va a ser de mí.

PASCUAL.   ¡Por la Virgen del Pilar!
¿Le teméis?

D. LUIS.   No, ¡Dios testigo!   905
Mas lleva ese hombre consigo
algún diablo familiar.[43]

PASCUAL.   Dadlo por asegurado.

D. LUIS.   ¡Oh! Tal es el afán mío,
que ni en mí propio me fío   910
con un hombre tan osado.

PASCUAL.   Yo os juro, por San Ginés,
que con toda su osadía,
le ha de hacer, por vida mía,
mal tercio[44] un aragonés;   915
nos veremos.

D. LUIS.   ¡Ay, Pascual,
que en qué te metes no sabes!

PASCUAL.   En apreturas más graves
me he visto y no salí mal.

D. LUIS.   Estriba en lo perentorio   920
del plazo, y en ser quien es.

---

[43] *diablo familiar*: "Demonio que se supone tiene trato con una persona, y a la que acompaña y sirve". *DRAE*. Ver también v. 1939.
[44] *hacer mal tercio: causar daño. DRAE.*

PASCUAL.	Más que un buen aragonés	
	no ha de valer un Tenorio.	
	Todos esos lenguaraces	
	espadachines de oficio	925
	no son más que frontispicio,	
	y de poca alma capaces.	
	Para infamar a mujeres	
	tienen lengua, y tienen manos	
	para osar a los ancianos	930
	o apalear a mercaderes.	
	Mas cuando una buena espada,	
	por un buen brazo esgrimida,	
	con la muerte les convida,	
	todo su valor es nada.	935
	Y sus empresas y bullas	
	se reducen todas ellas	
	a hablar mal de las doncellas	
	y a huir ante las patrullas.	

D. LUIS.   ¡Pascual!

PASCUAL.   No lo hablo por vos,   940
que aunque sois un calavera,
tenéis la alma[45] bien entera
y reñís bien ¡voto a brios![46]

D. LUIS.   Pues si es en mí tan notorio
el valor, mira, Pascual,   945
que el valor es proverbial
en la raza de Tenorio.
Y porque conozco bien
de su valor el extremo,
de sus ardides me temo   950
que en tierra con mi honra den.

PASCUAL.   Pues suelto estáis ya, don Luis,

[45] *la alma*: Zorrilla recurre aquí al artículo femenino (el habitual sería *el alma*) para mantener el octosílabo.

[46] *¡voto a brios!*: juramento eufemístico sin sentido para no caer en la blasfemia (para no gritar *¡voto a Dios!*). Parecido al *¡pardiez!* (v. 68). La rima exige no acentuar la palabra *brios* (en el manuscrito aparece *briós*).

y pues que tanto os acucia
el mal de celos, su astucia
con la astucia prevenís.   955
¿Qué teméis de él?

D. LUIS.   No lo sé;
mas esta noche sospecho
que ha de procurar el hecho
consumar.

PASCUAL.   Soñáis.

D. LUIS.   ¿Por qué?

PASCUAL.   ¿No está preso?

D. LUIS.   Sí que está;   960
mas también lo estaba yo,
y un hidalgo me fió.

PASCUAL.   Mas ¿quién a él le fiará?

D. LUIS.   En fin, sólo un medio encuentro
de satisfacerme.

PASCUAL.   ¿Cuál?   965

D. LUIS.   Que de esta casa, Pascual,
quede yo esta noche dentro.

PASCUAL.   Mirad que así de doña Ana
tenéis el honor vendido.

D. LUIS.   ¡Qué mil rayos! ¿Su marido   970
no voy a ser yo mañana?

PASCUAL.   Mas, señor, ¿no os digo yo
que os fío con la existencia...?

D. LUIS.   Sí; salir de una pendencia,
mas de un ardid diestro, no.   975
Y, en fin, o paso en la casa
la noche, o tomo la calle,
aunque la justicia me halle.

PASCUAL.   Señor don Luis, eso pasa

de terquedad, y es capricho   980
que dejar os aconsejo,
y os irá bien.

D. LUIS.   No lo dejo,
Pascual.

PASCUAL.   ¡Don Luis!

D. LUIS.   Está dicho.

PASCUAL.   ¡Vive Dios! ¿Hay tal afán?

D. LUIS.   Tú dirás lo que quisieres,   985
mas yo fío en las mujeres
mucho menos que en don Juan.
Y pues lance es extremado
por dos locos emprendido,
bien será un loco atrevido   990
para un loco desalmado.

PASCUAL.   Mirad bien lo que decís,
porque yo sirvo a doña Ana
desde que nació, y mañana
seréis su esposo, don Luis.   995

D. LUIS.   Pascual, esa hora llegada
y ese derecho adquirido,
yo sabré ser su marido
y la haré ser bien casada.
Mas en tanto…

PASCUAL.   No habléis más.   1000
Yo os conozco desde niños,
y sé lo que son cariños,
¡por vida de Barrabás!
Oíd: mi cuarto es sobrado
para los dos; dentro de él   1005
quedad; mas palabra fiel
dadme de estaros callado.

D. LUIS.   Te la doy.

PASCUAL.   Y hasta mañana

	juntos con doble cautela	
	nos quedaremos en vela.	1010
D. LUIS.	Y se salvará doña Ana.	
PASCUAL.	Sea.	
D. LUIS.	Pues vamos.	
PASCUAL.	Teneos.	
	¿Qué vais a hacer?	
D. LUIS.	A entrar.	
PASCUAL.	¿Ya?	
D. LUIS.	¿Quién sabe lo que él hará?	
PASCUAL.	Vuestros celosos deseos	1015
	reprimid; que ser no puede	
	mientras que no se recoja	
	mi amo, don Gil de Pantoja,	
	y todo en silencio quede.	
D. LUIS.	¡Voto a…!	
PASCUAL.	¡Eh! Dad una vez	1020
	breves treguas al amor.	
D. LUIS.	Y ¿a qué hora ese buen señor	
	suele acostarse?	
PASCUAL.	A las diez;	
	y en esa calleja estrecha	
	hay una reja; llamad	1025
	a las diez, y descuidad	
	mientras en mí.	
D. LUIS.	Es cosa hecha.	
PASCUAL.	Don Luis, hasta luego, pues.	
D. LUIS.	Adiós, Pascual, hasta luego.	

ESCENA III

DON LUIS.

D. LUIS.	Jamás tal desasosiego	1030
	tuve. Paréceme que es	
	esta noche hora menguada	
	para mí… y no sé qué vago	
	presentimiento, qué estrago	
	teme mi alma acongojada.	1035
	¡Por Dios que nunca pensé	
	que a doña Ana amara así	
	ni por ninguna sentí	
	lo que por ella…! ¡Oh! Y a fe	
	que de don Juan me amedrenta	1040
	no el valor, mas la ventura.	
	Parece que le asegura	
	Satanás en cuanto intenta.	
	No, no; es un hombre infernal,	
	y téngome para mí	1045
	que si me aparto de aquí,	
	me burla, pese a Pascual.	
	Y aunque me tenga por necio,	
	quiero entrar; que con don Juan	
	las precauciones no están	1050
	para vistas con desprecio.	
	(*Llama a la ventana.*)	

ESCENA IV

DON LUIS, DOÑA ANA.

DOÑA ANA.	¿Quién va?
D. LUIS.	¿No es Pascual?

DOÑA ANA.	Don Luis.
D. LUIS.	Doña Ana.
DOÑA ANA.	¿Por la ventana llamas ahora?
D. LUIS.	Ay, doña Ana, cuán a buen tiempo salís. 1055
DOÑA ANA.	Pues, ¿qué hay, Mejía?
D. LUIS.	Un empeño por tu beldad, con un hombre que temo.
DOÑA ANA.	Y ¿qué hay que te asombre en él, cuando eres tú el dueño de mi corazón?
D. LUIS.	Doña Ana, 1060 no lo puedes comprender de ese hombre sin conocer nombre y suerte.
DOÑA ANA.	Será vana su buena suerte conmigo; ya ves, sólo horas nos faltan 1065 para la boda, y te asaltan vanos temores.
D. LUIS.	Testigo me es Dios que nada por mí me da pavor mientras tenga espada, y ese hombre venga 1070 cara a cara contra ti. Mas como el león audaz, y cauteloso y prudente, como la astuta serpiente…
DOÑA ANA.	¡Bah!, duerme, don Luis, en paz, 1075 que su audacia y su prudencia nada lograrán de mí, que tengo cifrada en ti

la gloria de mi existencia.

D. LUIS.	Pues bien, Ana, de ese amor	1080
	que me aseguras en nombre,	
	para no temer a ese hombre	
	voy a pedirte un favor.	

| DOÑA ANA. | Di; mas bajo, por si escucha | |
| | tal vez alguno. | |

| D. LUIS. | Oye, pues. | 1085 |

ESCENA V

DOÑA ANA y DON LUIS, *a la reja derecha;*
DON JUAN y CIUTTI, *en la calle izquierda.*

| CIUTTI. | Señor, por mi vida que es | |
| | vuestra suerte buena y mucha. | |

D. JUAN.	Ciutti, nadie como yo;	
	ya viste cuán fácilmente	
	el buen alcaide prudente	1090
	se avino y suelta me dio.	
	Mas no hay ya en ello que hablar:	
	¿mis encargos has cumplido?	

| CIUTTI. | Todos los he concluido | |
| | mejor que pude esperar. | 1095 |

| D. JUAN. | ¿La beata…? | |

CIUTTI.	Ésta es la llave	
	de la puerta del jardín,	
	que habrá que escalar al fin,	
	pues, como usarced[47] ya sabe,	
	las tapias de ese convento	1100
	no tienen entrada alguna.	

---

[47] *usarced: vuestra merced, usted,* ver la nota 27.

D. JUAN.	¿Y te dio carta?
CIUTTI.	Ninguna; me dijo que aquí al momento iba a salir de camino; que al convento se volvía, 1105 y que con vos hablaría.
D. JUAN.	Mejor es.
CIUTTI.	Lo mismo opino.
D. JUAN.	¿Y los caballos?
CIUTTI.	Con silla y freno los tengo ya.
D. JUAN.	¿Y la gente?
CIUTTI.	Cerca está. 1110
D. JUAN.	Bien, Ciutti; mientras Sevilla tranquila en sueño reposa creyéndome encarcelado, otros dos nombres añado a mi lista numerosa. 1115 ¡Ja!, ¡ja!
CIUTTI.	Señor.
D. JUAN.	¿Qué?
CIUTTI.	¡Callad!
D. JUAN.	¿Qué hay, Ciutti?
CIUTTI.	Al doblar la esquina, en esa reja vecina he visto un hombre.
D. JUAN.	Es verdad; pues ahora sí que es mejor 1120 el lance; ¿y si es ése?
CIUTTI.	¿Quién?
D. JUAN.	Don Luis.

CIUTTI.   Imposible.

D. JUAN.   ¡Toma!
               ¿No estoy yo aquí?

CIUTTI.   Diferencia
               va de él a vos.

D. JUAN.   Evidencia
               lo creo, Ciutti; allí asoma   1125
               tras de la reja una dama.

CIUTTI.   Una criada tal vez.

D. JUAN.   Preciso es verlo, ¡pardiez!,
               no perdamos lance y fama.
               Mira, Ciutti: a fuer de[48] ronda   1130
               tú con varios de los míos
               por esa calle escurríos,
               dando vuelta a la redonda
               a la casa.

CIUTTI.   Y en tal caso
               cerrará ella.

D. JUAN.   Pues con eso,   1135
               ella ignorante y él preso,
               nos dejarán franco el paso.

CIUTTI.   Decís bien.

D. JUAN.   Corre y atájale,
               que en ello el vencer consiste.

CIUTTI.   ¿Mas si el truhán se resiste?   1140

D. JUAN.   Entonces, de un tajo, rájale.

---

[48] *a fuer de: como si estuviera de, a manera de.*

ESCENA VI

DON JUAN, DOÑA ANA, DON LUIS.

D. LUIS.	¿Me das, pues, tu asentimiento?[49]
DOÑA ANA.	Consiento.
D. LUIS.	¿Complácesme de ese modo?
DOÑA ANA.	En todo.

1145

D. LUIS.	Pues te velaré hasta el día.
DOÑA ANA.	Sí, Mejía.
D. LUIS.	Páguete el cielo, Ana mía, satisfacción tan entera.
DOÑA ANA.	Porque me juzgues sincera, *consiento en todo, Mejía.*

1150

D. LUIS.	Volveré, pues, otra vez.
DOÑA ANA.	Sí, a las diez.
D. LUIS.	¿Me aguardarás, Ana?
DOÑA ANA.	Sí.
D. LUIS.	Aquí.

1155

DOÑA ANA.	Y tú estarás puntual, ¿eh?
D. LUIS.	Estaré.
DOÑA ANA.	La llave, pues, te daré.
D. LUIS.	Y dentro yo de tu casa, venga Tenorio.

[49] Aquí comienzan los ovillejos, que, según la definición del *DRAE* son "combinación métrica que consta de tres versos octosílabos, seguidos cada uno de ellos de un pie quebrado que con él forma consonancia, y de una redondilla cuyo último verso se compone de los tres pies quebrados". Por eso, los versos en cursiva.

DOÑA ANA.	Alguien pasa; 1160
	a las diez.
D. LUIS.	*Aquí estaré...*

ESCENA VII

DON JUAN, DON LUIS

D. LUIS.	Mas se acercan. ¿Quién va allá?
D. JUAN.	Quien va.
D. LUIS.	De quien va así, ¿qué se infiere?
D. JUAN.	Que quiere. 1165
D. LUIS.	¿Ver si la lengua le arranco?
D. JUAN.	El paso franco.
D. LUIS.	Guardado está.
D. JUAN.	¿Y soy yo manco?
D. LUIS.	Pidiéraislo en cortesía.
D. JUAN.	Y ¿a quién?
D. LUIS.	A don Luis Mejía. 1170
D. JUAN.	*Quien va, quiere el paso franco.*
D. LUIS.	¿Conocéisme?
D. JUAN.	Sí.
D. LUIS.	¿Y yo a vos?
D. JUAN.	Los dos.
D. LUIS.	Y ¿en qué estriba el estorballe?[50]

[50] *estorballe*: asimilación r + l = ll para rimar con *calle*.

D. JUAN.	En la calle.	1175
D. LUIS.	¿De ella los dos por ser amos?	
D. JUAN.	Estamos.	
D. LUIS.	Dos hay no más que podamos necesitarla a la vez.	
D. JUAN.	Lo sé.	
D. LUIS.	¡Sois don Juan!	
D. JUAN.	¡Pardiez!	1180
	Los dos ya en la calle estamos.	
D. LUIS.	¿No os prendieron?	
D. JUAN.	Como a vos.	
D. LUIS.	¡Vive Dios! ¿Y huisteis?	
D. JUAN.	Os imité. ¿Y qué?	1185
D. LUIS.	Que perderéis.	
D. JUAN.	No sabemos.	
D. LUIS.	Lo veremos.	
D. JUAN.	La dama entrambos tenemos sitiada y estáis cogido.	
D. LUIS.	Tiempo hay.	
D. JUAN.	Para vos perdido.	1190
D. LUIS.	*¡Vive Dios, que lo veremos!* *(Don Luis desenvaina su espada;* *mas Ciutti, que ha bajado con los* *suyos cautelosamente hasta colocar-* *se tras él, le sujeta.)*	
D. JUAN.	Señor don Luis, vedlo, pues.	
D. LUIS.	Traición es.	

D. JUAN.	La boca…
	(A los suyos, que se la tapan a
	don Luis.)
D. LUIS.	¡Oh!
D. JUAN.	(*Le sujetan los brazos.*)

Sujeto atrás;
    más.   1195
La empresa es, señor Mejía,
    como mía.
Encerrádmele hasta el día.
                     (*A los suyos.*)
La apuesta está ya en mi mano.
(*A Don Luis.*)
Adiós, don Luis; si os la gano,   1200
traición es; mas como mía.

ESCENA VIII

DON JUAN.

D. JUAN.	Buen lance, ¡viven los cielos!

Éstos son los que dan fama;
mientras le soplo la dama,
él se arrancará los pelos   1205
encerrado en mi bodega.
¿Y ella…? Cuando crea hallarse
con él…, ¡ja!, ¡ja…! ¡Oh!, y quejarse
no puede; limpio se juega.
A la cárcel le llevé   1210
y salió; llevóme a mí,
y salí; hallarnos aquí
era fuerza…, ya se ve;
su parte en la grave apuesta
defendía cada cual.   1215
Mas con la suerte está mal

Mejía, y también pierde ésta.
Sin embargo, y por si acaso,
no es de más asegurarse
de Lucía, a desgraciarse   1220
no vaya por poco el paso.
Mas por allí un bulto negro
se aproxima…, y a mi ver
es el bulto una mujer.
¿Otra aventura? Me alegro.[51]   1225

ESCENA IX

DON JUAN, BRÍGIDA.

BRÍGIDA.   ¿Caballero?

D. JUAN.   ¿Quién va allá?

BRÍGIDA.   ¿Sois don Juan?

D. JUAN.   ¡Por vida de…!
¡Si es la beata! ¡Y a fe
que la había olvidado ya!
Llegaos; don Juan soy yo.   1230

BRÍGIDA.   ¿Estáis solo?

D. JUAN.   Con el diablo.

BRÍGIDA.   ¡Jesucristo!

D. JUAN.   Por vos lo hablo.

BRÍGIDA.   ¿Soy yo el diablo?

D. JUAN.   Creoló.[52]

[51] Estos versos recuerdan los de Espronceda en la cuarta parte de *El estudiante de Salamanca* (vv. 801-820; 911-914), ed. Robert Marrast (Madrid, Castalia, 1978).
[52] *creoló:* la métrica y la rima con "soy yo" (v. 1230) exigen una palabra aguda.

BRÍGIDA.	¡Vaya! ¡Qué cosas tenéis!
	Vos sí que sois un diablillo… 1235
D. JUAN.	Que te llenará el bolsillo
	si le sirves.
BRÍGIDA.	Lo veréis.
D. JUAN.	Descarga, pues, ese pecho.
	¿Qué hiciste?
BRÍGIDA.	Cuanto me ha dicho
	vuestro paje… ¡Y qué mal bicho 1240
	es ese Ciutti!
D. JUAN.	¿Qué ha hecho?
BRÍGIDA.	¡Gran bribón!
D. JUAN.	¿No os ha entregado
	un bolsillo y un papel?
BRÍGIDA.	Leyendo estará ahora en él
	doña Inés.
D. JUAN.	¿La has preparado? 1245
BRÍGIDA.	Vaya; y os la he convencido
	con tal maña y de manera
	que irá como una cordera
	tras vos.
D. JUAN.	¡Tan fácil te ha sido!
BRÍGIDA.	¡Bah! Pobre garza enjaulada, 1250
	dentro la jaula nacida,
	¿qué sabe ella si hay más vida
	ni más aire en que volar?
	Si no vio nunca sus plumas
	del sol a los resplandores, 1255
	¿qué sabe de los colores
	de que se puede ufanar?
	No cuenta la pobrecilla
	diez y siete primaveras,

y aún virgen a las primeras   1260
impresiones del amor,
nunca concibió la dicha
fuera de su pobre estancia,
tratada desde su infancia
con cauteloso rigor.   1265
Y tantos años monótonos
de soledad y convento
tenían su pensamiento
ceñido a punto tan ruin,
a tan reducido espacio   1270
y a círculo tan mezquino,
que era el claustro su destino
y el altar era su fin.
"Aquí está Dios", la dijeron;
y ella dijo: "Aquí le adoro".   1275
"Aquí está el claustro y el coro".
Y pensó: "No hay más allá".
Y sin otras ilusiones
que sus sueños infantiles,
pasó diez y siete abriles   1280
sin conocerlo quizá.[53]

D. JUAN.   ¿Y está hermosa?

BRÍGIDA.   ¡Oh! Como un ángel.

D. JUAN.   ¿Y la has dicho…?

---

[53] Zorrilla mete aquí más de treinta versos de su propia leyenda *Margarita la Tornera*, de *Cantos del trovador* (1840-1841), en forma levemente alterada:

Pobre tórtola enjaulada
dentro la jaula nacida,
¿qué sabe ella si hay más vida
ni más aire en que volar?
Si no vio nunca sus plumas
del sol a los resplandores,
¿qué sabe de los colores
con que se puede ufanar?
Mas, ¡guay, que alcance a lo lejos
del día la lumbre pura,
de la selva la frescura,
y el arrullo de su amor!…

¡Su nido será su cárcel,
su potro serán las rejas,
sus arrullos serán quejas,
y su silencio dolor!
Mas es tarde: Margarita
en la noche solitaria
oyó amorosa plegaria
y se despertó su afán.
Su corazón rebelóse
con incógnitos afectos,
y odió los santos preceptos
al recordar a don Juan, [etc.]

BRÍGIDA.   Figuraos
                   si habré metido mal caos
                   en su cabeza, don Juan.   1285
                   La hablé del amor, del mundo,
                   de la corte y los placeres,
                   de cuánto con las mujeres
                   erais pródigo y galán.
                   La dije que erais el hombre   1290
                   por su padre destinado
                   para suyo; os he pintado
                   muerto por ella de amor,
                   desesperado por ella,
                   y por ella perseguido,   1295
                   y por ella decidido
                   a perder vida y honor.
                   En fin, mis dulces palabras,
                   al posarse en sus oídos,
                   sus deseos mal dormidos   1300
                   arrastraron de sí en pos;
                   y allá dentro de su pecho
                   han inflamado una llama
                   de fuerza tal, que ya os ama
                   y no piensa más que en vos.   1305

D. JUAN.   Tan incentiva pintura
                   los sentidos me enajena,
                   y el alma ardiente me llena
                   de su insensata pasión.
                   Empezó por una apuesta,   1310
                   siguió por un devaneo,
                   engendró luego un deseo,
                   y hoy me quema el corazón.
                   Poco es el centro de un claustro;
                   ¡al mismo infierno bajara,   1315
                   y a estocadas la arrancara
                   de los brazos de Satán!
                   ¡Oh! hermosa flor, cuyo cáliz
                   al rocío aún no se ha abierto,
                   a trasplantarte va al huerto   1320

de sus amores don Juan.
¿Brígida?

BRÍGIDA.   Os estoy oyendo,
y me hacéis perder el tino:
yo os creía un libertino
sin alma y sin corazón.   1325

D. JUAN.   ¿Eso extrañas? ¿No está claro
que en un objeto tan noble
hay que interesarse doble
que en otros?

BRÍGIDA.   Tenéis razón.

D. JUAN.   ¿Conque a qué hora se recogen   1330
las madres?

BRÍGIDA.   Ya recogidas
estarán. ¿Vos prevenidas
todas las cosas tenéis?

D. JUAN.   Todas.

BRÍGIDA.   Pues luego que doblen
a las ánimas,[54] con tiento   1335
saltando al huerto, al convento
fácilmente entrar podéis
con la llave que os he enviado;
de un claustro oscuro y estrecho
es; seguidle bien derecho,   1340
y daréis con poco afán
en nuestra celda.

D. JUAN.   Y si acierto
a robar tan gran tesoro,
te he de hacer pesar en oro.

BRÍGIDA.   Por mí no queda, don Juan.   1345

D. JUAN.   Ve y aguárdame.

---

[54] *doblar a las ánimas*: tocar las campanas a oración por las ánimas del purgatorio.

BRÍGIDA.   Voy, pues,
a entrar por la portería,
y a cegar a Sor María
la tornera. Hasta después.
(*Vase Brigida, y un poco antes de
concluir esta escena sale Ciutti, que
se para en el fondo esperando.*)

ESCENA X

DON JUAN, CIUTTI.

D. JUAN.   Pues, señor, ¡soberbio envite!   1350
Muchas hice hasta esta hora,
mas por Dios que la de ahora
será tal que me acredite.
Mas ya veo que me espera
Ciutti. ¿Lebrel?[55] (*Llamándole.*)

CIUTTI.   Aquí estoy.   1355

D. JUAN.   ¿Y don Luis?

CIUTTI.   Libre por hoy
estáis de él.

D. JUAN.   Ahora quisiera
ver a Lucía.

CIUTTI.   Llegar
podéis aquí. (*A la reja derecha.*) Yo
                              [la llamo,
y al salir a mi reclamo   1360
la podéis vos abordar.

D. JUAN.   Llama, pues.

[55] *lebrel*: un perro lebrel es un perro cazador, fiel; aquí, don Juan refiere
a Ciutti como su perro lebrel por las cazas (de mujeres) que le ha hecho.

CIUTTI.	La seña mía sabe bien para que dude en acudir.
D. JUAN.	Pues si acude, lo demás es cuenta mía. 1365 (*Ciutti llama a la reja con una seña que parezca convenida. Lucía se asoma a ella, y al ver a Don Juan se detiene un momento.*)

ESCENA XI

DON JUAN, LUCÍA, CIUTTI.

LUCIA.	¿Qué queréis, buen caballero?
D. JUAN.	Quiero.[56]
LUCÍA.	¿Qué queréis? Vamos a ver.
D. JUAN.	Ver.
LUCÍA.	¿Ver? ¿Qué veréis a esta hora? 1370
D. JUAN.	A tu señora.
LUCÍA.	Idos, hidalgo, en mal hora;

[56] Zorrilla mismo confiesa en *Recuerdos* ("Cuatro palabras sobre mi *Don Juan Tenorio*") que empezó a escribir su obra con estos ovillejos. Escribe el autor: "Sin darme, pues, cuenta del arrojo a que me iba a lanzar, ni de la empresa que iba a acometer; sin conocimiento alguno del mundo ni del corazón humano; sin estudios sociales ni literarios para tratar tan vasto como peregrino argumento; fiado sólo en mi intuición de poeta y en mi facultad de versificar, empecé mi *Don Juan* en una noche de insomnio, por la escena de los ovillejos del segundo acto entre D. Juan y la criada de doña Ana de Pantoja. Ya por aquí entraba yo en la senda de amaneramiento y mal gusto de que adolece mucha parte de mi obra; porque el ovillejo, o séptima real, es la más forzada y falsa metrificación que conozco: pero afortunadamente para mí, el público, incurriendo después en mi mismo mal gusto y amaneramiento, se ha pagado de esta escena y de estos ovillejos, como yo cuando los hice a oscuras y de memoria en una hora de insomnio" (1800).

¿quién pensáis que vive aquí?

D. JUAN.	Doña Ana de Pantoja, y *quiero ver a tu señora.* 1375
LUCÍA.	¿Sabéis que casa doña Ana?
D. JUAN.	Sí, mañana.
LUCÍA.	¿Y ha de ser tan infiel ya?
D. JUAN.	Sí será.
LUCÍA.	¿Pues no es de don Luis Mejía? 1380
D. JUAN.	¡Ca! Otro día. Hoy no es mañana, Lucía; yo he de estar hoy con doña Ana, y si se casa mañana, *mañana será otro día.* 1385
LUCÍA.	¡Ah! ¿En recibiros está?
D. JUAN.	Podrá.
LUCÍA.	¿Qué haré si os he de servir?
D. JUAN.	Abrir.
LUCÍA.	¡Bah! ¿Y quién abre este castillo? 1390
D. JUAN.	Ese bolsillo.
LUCÍA.	¿Oro?
D. JUAN.	Pronto te dio el brillo.
LUCÍA.	¡Cuánto!
D. JUAN.	De cien doblas pasa.
LUCÍA.	¡Jesús!
D. JUAN.	Cuenta y di: ¿esta casa *podrá abrir ese bolsillo?* 1395
LUCÍA.	¡Oh! Si es quien me dora el pico…
D. JUAN.	Muy rico. (*Interrumpiéndola.*)

LUCÍA.	¿Sí? ¿Qué nombre usa el galán?
D. JUAN.	Don Juan.
LUCÍA.	¿Sin apellido notorio? 1400
D. JUAN.	Tenorio.
LUCÍA.	¡Ánimas del purgatorio! ¿Vos don Juan?
D. JUAN.	¿Qué te amedrenta, si a tus ojos se presenta *muy rico don Juan Tenorio*? 1405
LUCIA.	Rechina la cerradura.
D. JUAN.	Se asegura.
LUCIA.	¿Y a mí, quién? ¡Por Belcebú!
D. JUAN.	Tú.
LUCIA.	¿Y qué me abrirá el camino? 1410
D. JUAN.	Buen tino.
LUCIA.	¡Bah! Ir en brazos del destino…
D. JUAN.	Dobla el oro.
LUCIA.	Me acomodo.
D. JUAN.	Pues mira cómo de todo *se asegura tu buen tino.* 1415
LUCIA.	Dadme algún tiempo, ¡pardiez!
D. JUAN.	A las diez.
LUCIA.	¿Dónde os busco, o vos a mí?
D. JUAN.	Aquí.
LUCIA.	¿Conque estaréis puntual, eh? 1420
D. JUAN.	Estaré.
LUCIA.	Pues yo una llave os traeré.

D. JUAN.	Y yo otra igual cantidad.
LUCIA.	No me faltéis.
D. JUAN.	No en verdad;

a las diez aquí estaré.   1425
Adiós, pues, y en mí te fía.

LUCIA.	Y en mí el garboso galán.
D. JUAN.	Adiós, pues, franca Lucía.
LUCIA.	Adiós, pues, rico don Juan.

(*Lucía cierra la ventana. Ciutti se
acerca a don Juan a una seña de éste.*)

ESCENA XII

DON JUAN, CIUTTI.

D. JUAN.   (*Riéndose.*)
Con oro nada hay que falle;   1430
Ciutti, ya sabes mi intento:
a las nueve en el convento,
a las diez en esta calle.
(*Vanse.*)

F I N
DEL ACTO SEGUNDO

José Zorrilla y Moral (1817-1893), autor de *Don Juan Tenorio*.

Recital de José Zorrilla en el Teatro del Príncipe, coliseo madrileño cuyo solar fue ocupado en 1849 por el Teatro Español. El poeta vallisoletano formó parte de la Junta directiva del nuevo teatro y en él estrenó su obra maestra *Traidor, inconfeso y mártir*.

ACTO TERCERO

PROFANACIÓN

Personas

DON JUAN.	BRÍGIDA.
DOÑA INÉS.	LA ABADESA.
DON GONZALO.	LA TORNERA.

Celda de doña Inés. Puerta en el fondo y a la izquierda.

ESCENA PRIMERA

DOÑA INÉS, LA ABADESA.

ABADESA.   ¿Conque me habéis entendido?

DOÑA INÉS.   Sí, señora.

ABADESA.   Está muy bien;   1435
            la voluntad decisiva
            de vuestro padre tal es.
            Sois joven, cándida y buena;
            vivido en el claustro habéis
            casi desde que nacisteis;   1440
            y para quedar en él
            atada con santos votos
            para siempre, ni aun tenéis,
            como otras, pruebas difíciles
            ni penitencias que hacer.   1445

¡Dichosa mil veces vos!
Dichosa, sí, doña Inés,
que no conociendo el mundo,
no le debéis de temer.
¡Dichosa vos, que del claustro   1450
al pisar en el dintel,[57]
no os volveréis a mirar
lo que tras vos dejaréis!
Y los mundanos recuerdos
del bullicio y del placer   1455
no os turbarán tentadores
del ara santa a los pies;
pues ignorando lo que hay
tras esa santa pared,
lo que tras ella se queda   1460
jamás apeteceréis.
Mansa paloma enseñada
en las palmas a comer
del dueño que la ha criado
en doméstico vergel,   1465
no habiendo salido nunca
de la protectora red,
no ansiaréis nunca las alas
por el espacio tender.
Lirio gentil, cuyo tallo   1470
mecieron sólo tal vez
las embalsamadas brisas
del más florecido mes,
aquí a los besos del aura
vuestro caliz abriréis,   1475
y aquí vendrán vuestras hojas
tranquilamente a caer.
Y en el pedazo de tierra
que abarca nuestra estrechez,
y en el pedazo de cielo   1480
que por las rejas se ve,

---

[57] *dintel*: Lapsus del autor: un dintel es la parte superior de una puerta.
Zorrilla debía haber escrito *umbral*.

vos no veréis más que un lecho
do en dulce sueño yacer,
y un velo azul suspendido
a las puertas del Edén.   1485
¡Ay! En verdad que os envidio,
venturosa doña Inés,
con vuestra inocente vida,
la virtud del no saber.
¿Mas por qué estáis cabizbaja?   1490
¿Por qué no me respondéis
como otras veces alegre
cuando en lo mismo os hablé?
¿Suspiráis?…¡Oh!, ya comprendo:
de vuelta aquí hasta no ver   1495
a vuestra aya, estáis inquieta;
pero nada recéléis.
A casa de vuestro padre
fue casi al anochecer,
y abajo en la portería   1500
estará; yo os la enviaré,
que estoy de vela esta noche.
Conque, vamos, doña Inés,
recogeos, que ya es hora;
mal ejemplo no me deis   1505
a las novicias, que ha tiempo
que duermen ya; hasta después.

DOÑA INÉS.   Id con Dios, madre abadesa.

ABADESA.   Adiós, hija.

ESCENA II

DOÑA INÉS.

Ya se fue.
No sé qué tengo, ¡ay de mí!,   1510

que en tumultuoso tropel
mil encontradas ideas
me combaten a la vez.
Otras noches complacida
sus palabras escuché;   1515
y de esos cuadros tranquilos
que sabe pintar tan bien,
de esos placeres domésticos
la dichosa sencillez
y la calma venturosa   1520
me hicieron apetecer
la soledad de los claustros
y su santa rigidez.
Mas hoy la oí distraída,
y en sus pláticas hallé,   1525
si no enojosos discursos,
a lo menos aridez.
Y no sé por qué al decirme
que podría acontecer
que se acelerase el día   1530
de mi profesión, temblé
y sentí del corazón
acelerarse el vaivén,
y teñírseme el semblante
de amarilla palidez.   1535
¡Ay de mí…! ¡Pero mi dueña,
dónde estará…! Esa mujer
con sus pláticas al cabo
me entretiene alguna vez.
Y hoy la echo menos… acaso   1540
porque la voy a perder,
que en profesando es preciso
renunciar a cuanto amé.
Mas pasos siento en el claustro;
¡oh!, reconozco muy bien   1545
sus pisadas… Ya está aquí.

ESCENA III

DOÑA INÉS, BRÍGIDA.

BRÍGIDA.	Buenas noches, doña Inés.
DOÑA INÉS.	¿Cómo habéis tardado tanto?
BRÍGIDA.	Voy a cerrar esta puerta.
DOÑA INÉS.	Hay orden de que esté abierta.

1550

BRÍGIDA.	Eso es muy bueno y muy santo para las otras novicias que han de consagrarse a Dios, no, doña Inés, para vos.
DOÑA INÉS.	Brígida, ¿no ves que vicias

1555

las reglas del monasterio
que no permiten…?

BRÍGIDA.	¡Bah!, ¡bah! Más seguro así se está, y así se habla sin misterio ni estorbos. ¿Habéis mirado el libro que os he traído?

1560

DOÑA INÉS.	Ay, se me había olvidado.
BRÍGIDA.	¡Pues me hace gracia el olvido!
DOÑA INÉS.	¡Como la madre abadesa se entró aquí inmediatamente!

1565

BRÍGIDA.	¡Vieja más impertinente!
DOÑA INÉS.	¿Pues tanto el libro interesa?
BRÍGIDA.	¡Vaya si interesa! Mucho. ¡Pues quedó con poco afán el infeliz!

DOÑA INÉS.   ¿Quién?

BRÍGIDA.   Don Juan.   1570

DOÑA INÉS.   ¡Válgame el cielo! ¡Qué escucho!
               ¿Es don Juan quien me le envía?

BRÍGIDA.   Por supuesto.

DOÑA INÉS.   ¡Oh! Yo no debo
               tomarle.

BRÍGIDA.   ¡Pobre mancebo!
               Desairarle así, sería   1575
               matarle.

DOÑA INÉS.   ¿Qué estás diciendo?

BRÍGIDA.   Si ese horario no tomáis,
               tal pesadumbre le dais
               que va a enfermar, lo estoy viendo.

DOÑA INÉS.   Ah, no, no; de esa manera,   1580
               le tomaré.

BRÍGIDA.   Bien haréis.

DOÑA INÉS.   ¡Y qué bonito es!

BRÍGIDA.   Ya veis;
               quien quiere agradar se esmera.

DOÑA INÉS.   Con sus manecillas de oro.
               ¡Y cuidado que está prieto!   1585
               A ver, a ver si completo
               contiene el rezo del coro.
               (*Le abre, y cae una carta de
               entre sus hojas.*)
               Mas, ¿qué cayó?

BRÍGIDA.   Un papelito.

DOÑA INÉS.   ¡Una carta!

BRÍGIDA.   Claro está;
               en esa carta os vendrá   1590

ofreciendo el regalito.

DOÑA INÉS.	¡Qué! ¿Será suyo el papel?

BRÍGIDA. ¡Vaya, que sois inocente!
Pues que os feria,[58] es consiguiente
que la carta será de él.   1595

DOÑA INÉS. ¡Ay, Jesús!

BRÍGIDA.   ¿Qué es lo que os da?

DOÑA INÉS. Nada, Brígida, no es nada.

BRÍGIDA. No, no; si estáis inmutada.
(Ya presa en la red está.)
¿Se os pasa?

DOÑA INÉS.   Sí.

BRÍGIDA.   Eso habrá sido   1600
cualquier mareíllo vano.

DOÑA INÉS. Ay, se me abrasa la mano
con que el papel he cogido.

BRÍGIDA. Doña Inés, válgame Dios,
jamás os he visto así;   1605
estáis trémula.

DOÑA INÉS.   ¡Ay de mí!

BRÍGIDA. ¿Qué es lo que pasa por vos?

DOÑA INÉS. No sé… El campo de mi mente
siento que cruzan perdidas
mil sombras desconocidas   1610
que me inquietan vagamente;
y ha tiempo al alma me dan
con su agitación tortura.

BRÍGIDA. ¿Tiene alguna por ventura
el semblante de don Juan?   1615

---

[58] *os feria*: *os agasaja, os hace regalos.*

DOÑA INÉS.	No sé; desde que le vi,
	Brígida mía, y su nombre
	me dijiste, tengo a ese hombre
	siempre delante de mí.
	Por doquiera me distraigo	1620
	con su agradable recuerdo,
	y si un instante le pierdo,
	en su recuerdo recaigo.
	No sé qué fascinación
	en mis sentidos ejerce,	1625
	que siempre hacia él se me tuerce
	la mente y el corazón;
	y aquí, y en el oratorio,
	y en todas partes advierto
	que el pensamiento divierto	1630
	con la imagen de Tenorio.

BRÍGIDA.	¡Válgame Dios! Doña Inés,
	según lo vais explicando,
	tentaciones me van dando
	de creer que eso amor es.	1635

| DOÑA INÉS. | ¡Amor has dicho! |

| BRÍGIDA. | Sí, amor. |

| DOÑA INÉS. | No, de ninguna manera. |

BRÍGIDA.	Pues por amor lo entendiera
	el menos entendedor;
	mas vamos la carta a ver.	1640
	¿En qué os paráis? ¿Un suspiro?

DOÑA INÉS.	¡Ay!, que cuanto más la miro,
	menos me atrevo a leer.
	(Lee.)
	"Doña Inés del alma mía".[59]
	¡Virgen Santa, qué principio!	1645

[59] En 1890 Felipe Pérez y González publicó un juguete cómico en un acto con título que repite este verso. *¡Doña Inés del alma mía!* (Madrid, R. Velasco, 1890). Llegó a una tercera edición en 1898.

BRÍGIDA.   Vendrá en verso, y será un ripio
            que traerá la poesía.
            Vamos, seguid adelante.

DOÑA INÉS. (*Lee.*)
            "Luz de donde el sol la toma,
            hermosísima paloma   1650
            privada de libertad,
            si os dignáis por estas letras
            pasar vuestros lindos ojos,
            no los tornéis con enojos
            sin concluir, acabad".   1655

BRÍGIDA.   ¡Qué humildad! ¡Y qué finura!
            ¿Dónde hay mayor rendimiento?

DOÑA INÉS. Brígida, no sé qué siento.

BRÍGIDA.   Seguid, seguid la lectura.

DOÑA INÉS. (*Lee.*)
            "Nuestros padres de consuno   1660
            nuestras bodas acordaron,
            porque los cielos juntaron
            los destinos de los dos.
            Y halagado desde entonces
            con tan risueña esperanza,   1665
            mi alma, doña Inés, no alcanza
            otro porvenir que vos.
            De amor con ella en mi pecho
            brotó una chispa ligera,
            que han convertido en hoguera   1670
            tiempo y afición tenaz;
            y esta llama que en mí mismo
            se alimenta inextinguible,
            cada día más terrible
            va creciendo y más voraz".   1675

BRÍGIDA.   Es claro; esperar le hicieron
            en vuestro amor algún día,
            y hondas raíces tenía
            cuando a arrancársele fueron.

Seguid.

DOÑA INÉS. (*Lee.*)
    "En vano a apagarla   1680
concurren tiempo y ausencia,
que doblando su violencia,
no hoguera ya, volcán es.
Y yo, que en medio del cráter
desamparado batallo,   1685
suspendido en él me hallo
entre mi tumba y mi Inés".

BRÍGIDA. ¿Lo veis, Inés? Si ese horario
le despreciáis, al instante
le preparan el sudario.   1690

DOÑA INÉS. Yo desfallezco.

BRÍGIDA.   Adelante.

DOÑA INÉS. (*Lee.*)
"Inés, alma de mi alma,
perpetuo imán de mi vida,
perla sin concha escondida
entre las algas del mar;   1695
garza que nunca del nido
tender osastes[60] el vuelo,
el diáfano azul del cielo
para aprender a cruzar;
si es que a través de esos muros   1700
el mundo apenada miras,
y por el mundo suspiras
de libertad con afán,
acuérdate que al pie mismo
de esos muros que te guardan,   1705
para salvarte te aguardan
los brazos de tu don Juan".
(*Representa.*)

---

[60]*osastes:* Zorrilla prefiere usar aquí la forma verbal con -s del pretérito perfecto (en lugar de la correcta, *osaste*) para evitar la sinalefa y mantener el octosílabo.

¿Qué es lo que me pasa, ¡cielo!,
que me estoy viendo morir?

BRÍGIDA.   (Ya tragó todo el anzuelo.)   1710
Vamos, que está al concluir.

DOÑA INÉS.   (*Lee.*)
"Acuérdate de quien llora
al pie de tu celosía,
y allí le sorprende el día
y le halla la noche allí;   1715
acuérdate de quien vive
sólo por ti, ¡vida mía!,
y que a tus pies volaría
si le llamaras a ti".

BRÍGIDA.   ¿Lo veis? Vendría.

DOÑA INÉS.   ¡Vendría!   1720

BRÍGIDA.   A postrarse a vuestros pies.

DOÑA INÉS.   ¿Puede?

BRÍGIDA.   ¡Oh!, sí.

DOÑA INÉS.   ¡Virgen María!

BRÍGIDA.   Pero acabad, doña Inés.

DOÑA INÉS.   (*Lee.*)
"Adiós, ¡oh luz de mis ojos!
Adiós, Inés de mi alma;   1725
medita, por Dios, en calma
las palabras que aquí van;
y si odias esa clausura,
que ser tu sepulcro debe,
manda, que a todo se atreve   1730
por tu hermosura don Juan".
(*Representa doña Inés.*)
¡Ay! ¿Qué filtro envenenado
me dan en este papel,
que el corazón desgarrado
me estoy sintiendo con él?   1735

¿Qué sentimientos dormidos
son los que revela en mí?
¿Qué impulsos jamás sentidos?
¿Qué luz, que hasta hoy nunca vi?
¿Qué es lo que engendra en mi alma   1740
tan nuevo y profundo afán?
¿Quién roba la dulce calma
de mi corazón?

BRÍGIDA.   Don Juan.

DOÑA INÉS.   ¡Don Juan dices…! ¿Conque ese
hombre me ha de seguir por doquier?   1745
¿Sólo he de escuchar su nombre?
¿Sólo su sombra he de ver?
¡Ah! Bien dice: juntó el cielo
los destinos de los dos,
y en mi alma engendró este anhelo   1750
fatal.

BRÍGIDA.   ¡Silencio, por Dios!
(Se oyen dar las ánimas.)

DOÑA INÉS.   ¿Qué?

BRÍGIDA.   ¡Silencio!

DOÑA INÉS.   Me estremezco.

BRÍGIDA.   ¿Oís, doña Inés, tocar?

DOÑA INÉS.   Sí, lo mismo que otras veces
las ánimas oigo dar.   1755

BRÍGIDA.   Pues no habléis de él.

DOÑA INÉS.   ¡Cielo santo!
¿De quién?

BRÍGIDA.   ¿De quién ha de ser?
De ese don Juan que amáis tanto,
porque puede aparecer.

DOÑA INÉS.   ¡Me amedrentas! ¿Puede ese hombre   1760

llegar hasta aquí?

BRÍGIDA.	Quizá.

Porque el eco de su nombre
tal vez llega a donde está.

DOÑA INÉS.   ¡Cielos! ¿Y podrá?…

BRÍGIDA.   ¿Quién sabe?

DOÑA INÉS.   ¿Es un espíritu, pues?   1765

BRÍGIDA.   No, mas si tiene una llave…

DOÑA INÉS.   ¡Dios!

BRÍGIDA.   Silencio, doña Inés:
¿no oís pasos?

DOÑA INÉS.   ¡Ay! Ahora
nada oigo.

BRÍGIDA.   Las nueve dan.
Suben… se acercan… Señora….   1770
Ya está aquí.

DOÑA INÉS.   ¿Quién?

BRÍGIDA.   Él.

DOÑA INÉS.   ¡Don Juan!

ESCENA IV

DOÑA INÉS, DON JUAN, BRÍGIDA.

DOÑA INÉS.   ¿Qué es esto? Sueño…, deliro.

D. JUAN.   ¡Inés de mi corazón!

DOÑA INÉS.   ¿Es realidad lo que miro,
o es una fascinación…?   1775

Tenedme… apenas respiro…
Sombra…, huye, por compasión.
¡Ay de mí…!
(*Desmáyase doña Inés y don Juan
la sostiene. La carta de don Juan
queda en el suelo abandonada por
doña Inés al desmayarse.*)

BRÍGIDA.   La ha fascinado
vuestra repentina entrada,
y el pavor la ha trastornado.   1780

D. JUAN.   Mejor, así nos ha ahorrado
la mitad de la jornada.
¡Ea! No desperdiciemos
el tiempo aquí en contemplarla,
si perdernos no queremos.   1785
En los brazos a tomarla
voy, y, cuanto antes, ganemos
ese claustro solitario.

BRÍGIDA.   ¡Oh! ¿Vais a sacarla así?

D. JUAN.   Necia, ¿piensas que rompí   1790
la clausura temerario
para dejármela aquí?
Mi gente abajo me espera;
sígueme.

BRÍGIDA.   ¡Sin alma estoy!
¡Ay! Este hombre es una fiera;   1795
nada le ataja ni altera…
Sí, sí; a su sombra me voy.

ESCENA V

La Abadesa.

Jurara que había oído
por estos claustros andar;
hoy a doña Inés velar   1800
algo más la he permitido.
Y me temo… Mas no están
aquí. ¿Qué pudo ocurrir
a las dos para salir
de la celda? ¿Dónde irán?   1805
¡Hola! Yo las ataré
corto para que no vuelvan
a enredar y me revuelvan
a las novicias…; sí a fe.
Mas siento por allá fuera   1810
pasos. ¿Quién es?

ESCENA VI

La Abadesa, la Tornera.

TORNERA.   Yo, señora.

ABADESA.   ¡Vos en el claustro a esta hora!
               ¿Qué es esto, hermana tornera?

TORNERA.   Madre abadesa, os buscaba.

ABADESA.   ¿Qué hay? Decid.

TORNERA.   Un noble anciano 1815

quiere hablaros.

ABADESA.   Es en vano.

TORNERA.   Dice que es de Calatrava
            caballero; que sus fueros
            le autorizan a este paso,
            y que la urgencia del caso   1820
            le obliga al instante a veros.

ABADESA.   ¿Dijo su nombre?

TORNERA.   El señor
            don Gonzalo Ulloa.

ABADESA.   ¿Qué
            puede querer…? Abralé,[61]
            hermana: es Comendador   1825
            de la Orden, y derecho
            tiene en el claustro de entrada.

                    ESCENA VII

                    LA ABADESA.

            ¿A una hora tan avanzada
            venir así…? No sospecho
            qué pueda ser…, mas me place,   1830
            pues no hallando a su hija aquí,
            la reprenderá, y así
            mirará otra vez lo que hace.

[61] Ver v. 1233.

ESCENA VIII

LA ABADESA, DON GONZALO,
LA TORNERA, *a la puerta.*

D. GONZ.	Perdonad, madre abadesa,
	que en hora tal os moleste; 1835
	mas para mí, asunto es éste
	que honra y vida me interesa.
ABADESA.	¡Jesús!
D. GONZ.	Oíd.
ABADESA.	Hablad, pues.
D. GONZ.	Yo guardé hasta hoy un tesoro
	de más quilates que el oro, 1840
	y ese tesoro es mi Inés.
ABADESA.	A propósito.
D. GONZ.	Escuchad.
	Se me acaba de decir
	que han visto a su dueña ir
	ha poco por la ciudad 1845
	hablando con el criado
	de un don Juan, de tal renombre
	que no hay en la tierra otro hombre
	tan audaz y tan malvado.
	En tiempo atrás se pensó 1850
	con él a mi hija casar,
	y hoy, que se la fui a negar,
	robármela me juró.
	Que por el torpe doncel
	ganada la dueña está 1855
	no puedo dudarlo ya;
	debo, pues, guardarme de él.
	Y un día, un hora quizás

de imprevisión le bastara
para que mi honor manchara   1860
ese hijo de Satanás.
He aquí mi inquietud cuál es;
por la dueña, en conclusión,
vengo; vos la profesión
abreviad de doña Inés.   1865

ABADESA.   Sois padre, y es vuestro afán
muy justo, Comendador;
mas ved que ofende a mi honor.

D. GONZ.   No sabéis quién es don Juan.

ABADESA.   Aunque le pintáis tan malo,   1870
yo os puedo decir de mí
que mientra[62] Inés esté aquí
segura está, don Gonzalo.

D. GONZ.   Lo creo; mas las razones
abreviemos; entregadme   1875
a esa dueña, y perdonadme
mis mundanas opiniones.
Si vos de vuestra virtud
me respondéis, yo me fundo
en que conozco del mundo   1880
la insensata juventud.

ABADESA.   Se hará como lo exigís.
Hermana tornera, id, pues,
a buscar a doña Inés
y a su dueña.[63]

D. GONZ.   ¿Qué decís,   1885
señora? O traición me ha hecho
mi memoria, o yo sé bien
que ésta es hora de que estén
ambas a dos en su lecho.

---

[62] *mientra:* forma arcaica de *mientras,* para que haya sinalefa y así el
verso tenga ocho sílabas.
[63] Aquí se marcha la Tornera, pero ni el manuscrito ni la primera edición
incluyen una acotación que aclare sus movimientos.

ABADESA.	Ha un punto sentí a las dos	1890
	salir de aquí, no sé a qué.	

D. GONZ.   ¡Ay! Por qué tiemblo no sé.
              ¡Mas qué veo, santo Dios!
              Un papel…, me lo decía
              a voces mi mismo afán.   1895
              (*Leyendo*.)
              "Doña Inés del alma mía…"
              Y la firma de don Juan.
              Ved…, ved… esa prueba escrita.
              Leed ahí… ¡Oh! Mientras que vos
              por ella rogáis a Dios   1900
              viene el diablo y os la quita.

ESCENA IX

LA ABADESA, DON GONZALO, LA TORNERA.

TORNERA.   Señora…

ABADESA.   ¿Qué es?

TORNERA.   Vengo muerta.

D. GONZ.   Concluid.

TORNERA.   No acierto a hablar…
              He visto a un hombre saltar
              por las tapias de la huerta.   1905

D. GONZ.   ¿Veis? Corramos. ¡Ay de mí!

ABADESA.   ¿Dónde vais, Comendador?

D. GONZ.   ¡Imbécil! Tras de mi honor,
              que os roban a vos de aquí.

F I N
DEL ACTO TERCERO

ACTO CUARTO

EL DIABLO A LAS PUERTAS DEL CIELO

Personas

DON JUAN.	CIUTTI.
DOÑA INÉS.	BRIGIDA.
DON GONZALO.	ALGUACILES 1º Y 2º.
DON LUIS.	

Quinta de don Juan Tenorio cerca de Sevilla y sobre el Guadalquivir. Balcón en el fondo. Dos puertas a cada lado.

ESCENA PRIMERA

BRÍGIDA, CIUTTI.

BRÍGIDA.	¡Qué noche, válgame Dios!	1910
	A poderlo calcular,	
	no me meto yo a servir	
	a tan fogoso galán.	
	¡Ay, Ciutti! Molida estoy;	
	no me puedo menear.	1915
CIUTTI.	¿Pues qué os duele?	
BRÍGIDA.	Todo el cuerpo	
	y toda el alma además.	
CIUTTI.	¡Ya! No estáis acostumbrada	
	al caballo, es natural.	

BRÍGIDA.	Mil veces pensé caer;	1920
	¡uf!, ¡qué mareo!, ¡qué afán!	
	Veía yo unos tras otros	
	ante mis ojos pasar	
	los árboles como en alas	
	llevados de un huracán,	1925
	tan apriesa y produciéndome	
	ilusión tan infernal,	
	que perdiera los sentidos	
	si tardamos en parar.	

CIUTTI.   Pues de estas cosas veréis,   1930
           si en esta casa os quedáis,
           lo menos seis por semana.

BRÍGIDA.   ¡Jesús!

CIUTTI.   ¿Y esa niña está
           reposando todavía?

BRÍGIDA.   ¿Y a qué se ha de despertar?   1935

CIUTTI.   Sí, es mejor que abra los ojos
           en los brazos de don Juan.

BRÍGIDA.   Preciso es que tu amo tenga
           algún diablo familiar.

CIUTTI.   Yo creo que sea él mismo   1940
           un diablo en carne mortal,
           porque a lo que él, solamente
           se arrojara Satanás.

BRÍGIDA.   ¡Oh! ¡El lance ha sido extremado!

CIUTTI.   Pero al fin logrado está.   1945

BRÍGIDA.   ¡Salir así de un convento
           en medio de una ciudad
           como Sevilla!

CIUTTI.   Es empresa
           tan sólo para hombre tal.
           Mas, ¡qué diablos!, si a su lado   1950

                        la fortuna siempre va,
                        y encadenado a sus pies
                        duerme sumiso el azar.

BRÍGIDA.   Sí, decís bien.

CIUTTI.   No he visto hombre
                        de corazón más audaz;   1955
                        ni halla riesgo que le espante,
                        ni encuentra dificultad
                        que al empeñarse en vencer
                        le haga un punto vacilar.
                        A todo osado se arroja,   1960
                        de todo se ve capaz,
                        ni mira dónde se mete,
                        ni lo pregunta jamás.
                        "Allí hay un lance", le dicen;
                        y él dice: "Allá va don Juan".   1965
                        ¡Mas ya tarda, vive Dios!

BRÍGIDA.   Las doce en la catedral
                        han dado ha tiempo.

CIUTTI.   Y de vuelta
                        debía a las doce estar.

BRÍGIDA.   ¿Pero por qué no se vino   1970
                        con nosotros?

CIUTTI.   Tiene allá
                        en la ciudad todavía
                        cuatro cosas que arreglar.

BRÍGIDA.   ¿Para el viaje?

CIUTTI.   Por supuesto;
                        aunque muy fácil será   1975
                        que esta noche a los infiernos
                        le hagan a él mismo viajar.

BRÍGIDA.   ¡Jesús, qué ideas!

CIUTTI.   Pues digo:
                        ¿son obras de caridad

en las que nos empleamos,   1980
para mejor esperar?
Aunque seguros estamos
como vuelva por acá.

BRÍGIDA.   ¿De veras, Ciutti?

CIUTTI.   Venid
a este balcón y mirad.   1985
¿Qué veis?

BRÍGIDA.   Veo un bergantín
que anclado en el río está.

CIUTTI.   Pues su patrón sólo aguarda
las órdenes de don Juan,
y salvos en todo caso   1990
a Italia nos llevará.

BRÍGIDA.   ¿Cierto?

CIUTTI.   Y nada receléis
por vuestra seguridad;
que es el barco más velero
que boga sobre la mar.   1995

BRÍGIDA.   ¡Chist! Ya siento a doña Inés.

CIUTTI.   Pues yo me voy, que don Juan
encargó que sola vos
debíais con ella hablar.

BRÍGIDA.   Y encargó bien, que yo entiendo 2000
de esto.

CIUTTI.   Adiós, pues.

BRÍGIDA.   Vete en paz.

ESCENA II

DOÑA INÉS, BRÍGIDA.

DOÑA INÉS.
Dios mío, ¡cuánto he soñado!
Loca estoy. ¿Qué hora será?
¿Pero qué es esto? ¡Ay de mí!
No recuerdo que jamás   2005
haya visto este aposento.
¿Quién me trajo aquí?

BRÍGIDA.   Don Juan.

DOÑA INÉS.
Siempre don Juan…, ¿mas conmigo
aquí tú también estás,
Brígida?

BRÍGIDA.   Sí, doña Inés.   2010

DOÑA INÉS.
Pero dime en caridad,
¿dónde estamos? ¿Este cuarto
es del convento?

BRÍGIDA.   No tal;
aquello era un cuchitril
en donde no había más   2015
que miseria.

DOÑA INÉS.   Pero, en fin,
¿en dónde estamos?

BRÍGIDA.   Mirad,
mirad por este balcón,
y alcanzaréis lo que va
desde un convento de monjas   2020
a una quinta de don Juan.

DOÑA INÉS.
¿Es de don Juan esta quinta?

BRÍGIDA.
Y creo que vuestra ya.

DOÑA INÉS. Pero no comprendo, Brígida,
lo que me hablas.

BRÍGIDA.   Escuchad.   2025
Estabais en el convento
leyendo con mucho afán
una carta de don Juan,
cuando estalló en un momento
un incendio formidable.   2030

DOÑA INÉS. ¡Jesús!

BRÍGIDA.   Espantoso, inmenso;
el humo era ya tan denso,
que el aire se hizo palpable.

DOÑA INÉS. Pues no recuerdo…

BRÍGIDA.   Las dos
con la carta entretenidas,   2035
olvidamos nuestras vidas,
yo oyendo, y leyendo vos.
Y estaba en verdad tan tierna,
que entrambas a su lectura
achacamos la tortura   2040
que sentíamos interna.
Apenas ya respirar
podíamos, y las llamas
prendían ya en nuestras camas;
nos íbamos a asfixiar,   2045
cuando don Juan, que os adora,
y que rondaba el convento,
al ver crecer con el viento
la llama devastadora,
con inaudito valor,   2050
viendo que ibais a abrasaros,
se metió para salvaros
por donde pudo mejor.
Vos, al verle así asaltar
la celda tan de improviso,   2055
os desmayasteis…, preciso;
la cosa era de esperar.

Y él cuando os vio caer así,
en sus brazos os tomó
y echó a huir; yo le seguí,   2060
y del fuego nos sacó.
¿Dónde íbamos a esta hora?
Vos seguíais desmayada,
yo estaba ya casi ahogada.
Dijo, pues: "Hasta la aurora   2065
en mi casa las tendré".
Y henos, doña Inés, aquí.

DOÑA INÉS.   ¿Conque ésta es su casa?

BRÍGIDA.   Sí.

DOÑA INÉS.   Pues nada recuerdo, a fe.
Pero… ¡en su casa…! ¡Oh! Al punto 2070
salgamos de ella…; yo tengo
la de mi padre.

BRÍGIDA.   Convengo
con vos; pero es el asunto…

DOÑA INÉS.   ¿Qué?

BRÍGIDA.   Que no podemos ir.

DOÑA INÉS.   Oír tal me maravilla.   2075

BRÍGIDA.   Nos aparta de Sevilla…

DOÑA INÉS.   ¿Quién?

BRÍGIDA.   Vedlo, el Guadalquivir.

DOÑA INÉS.   ¿No estamos en la ciudad?

BRÍGIDA.   A una legua nos hallamos
de sus murallas.

DOÑA INÉS.   ¡Oh! ¡Estamos   2080
perdidas!

BRÍGIDA.   ¡No sé en verdad
por qué!

DOÑA INÉS.   Me estás confundiendo,
Brígida…, y no sé qué redes
son las que entre estas paredes
temo que me estás tendiendo.   2085
Nunca el claustro abandoné,
ni sé del mundo exterior
los usos, mas tengo honor.
Noble soy, Brígida, y sé
que la casa de don Juan   2090
no es buen sitio para mí;
me lo está diciendo aquí
no sé qué escondido afán.
Ven, huyamos.

BRÍGIDA.   Doña Ines,
la existencia os ha salvado.   2095

DOÑA INÉS.   Sí, pero me ha envenenado
el corazón.

BRÍGIDA.   ¿Le amáis, pues?

DOÑA INÉS.   No sé…, mas, por compasión,
huyamos pronto de ese hombre,
tras de cuyo solo nombre   2100
se me escapa el corazón.
¡Ah! Tú me diste un papel
de mano de ese hombre escrito,
y algún encanto maldito
me diste encerrado en él.   2105
Una sola vez le vi
por entre unas celosías,
y que estaba, me decías,
en aquel sitio por mí.
Tú, Brígida, a todas horas   2110
me venías de él a hablar,
haciéndome recordar
sus gracias fascinadoras.
Tú me dijiste que estaba
para mío destinado   2115
por mi padre…, y me has jurado

en su nombre que me amaba.
¿Que le amo, dices?... Pues bien,
si esto es amar, sí, le amo;
pero yo sé que me infamo   2120
con esa pasión también.
Y si el débil corazón
se me va tras de don Juan,
tirándome de él están
mi honor y mi obligación.   2125
Vamos, pues, vamos de aquí
primero que ese hombre venga;
pues fuerza acaso no tenga
si le veo junto a mí.
Vamos, Brígida.

BRÍGIDA.   Esperad.   2130
                    ¿No oís?

DOÑA INÉS.   ¿Qué?

BRÍGIDA.   Ruido de remos.

DOÑA INÉS.   Sí, dices bien; volveremos
                en un bote a la ciudad.

BRÍGIDA.   Mirad, mirad, doña Inés.

DOÑA INÉS.   Acaba..., por Dios, partamos.   2135

BRÍGIDA.   Ya imposible que salgamos.

DOÑA INÉS.   ¿Por qué razón?

BRÍGIDA.   Porque él es
                quien en ese barquichuelo
                se adelanta por el río.

DOÑA INÉS.   ¡Ay! ¡Dadme fuerzas, Dios mío!   2140

BRÍGIDA.   Ya llegó, ya está en el suelo.
                Sus gentes nos volverán
                a casa, mas antes de irnos
                es preciso despedirnos
                a lo menos de don Juan.   2145

DOÑA INÉS.	Sea, y vamos al instante. No quiero volverle a ver.
BRÍGIDA.	(Los ojos te hará volver el encontrarle delante.) Vamos.
DOÑA INÉS.	Vamos.
CIUTTI.	(*Dentro.*) Aquí están. 2150
D. JUAN.	(*Ídem.*) Alumbra.
BRÍGIDA.	¡Nos busca!
DOÑA INÉS.	Él es.

ESCENA III

Dichos, DON JUAN.

D. JUAN.	¿Adónde vais, doña Inés?
DOÑA INÉS.	Dejadme salir, don Juan.
D. JUAN.	¿Que os deje salir?
BRÍGIDA.	Señor, sabiendo ya el accidente 2155 del fuego, estará impaciente por su hija el Comendador.
D. JUAN.	¡El fuego! ¡Ah! No os dé cuidado por don Gonzalo, que ya dormir tranquilo le hará 2160 el mensaje que le he enviado.
DOÑA INÉS.	¿Le habéis dicho…?
D. JUAN.	Que os hallabais

bajo mi amparo segura,
y el aura del campo pura,
libre por fin respirabais.   2165
¡Cálmate pues, vida mía!
Reposa aquí, y un momento
olvida de tu convento
la triste cárcel sombría.
¡Ah! ¿No es cierto, ángel de amor,   2170
que en esta apartada orilla
más pura la luna brilla
y se respira mejor?
Esta aura que vaga llena
de los sencillos olores   2175
de las campesinas flores
que brota esa orilla amena;
esa agua limpia y serena
que atraviesa sin temor
la barca del pescador   2180
que espera cantando el día,
¿no es cierto, paloma mía,
que están respirando amor?
Esa armonía que el viento
recoge entre esos millares   2185
de floridos olivares,
que agita con manso aliento;
ese dulcísimo acento
con que trina el ruiseñor
de sus copas morador,   2190
llamando al cercano día,
¿no es verdad, gacela mía,
que están respirando amor?
Y estas palabras que están
filtrando insensiblemente   2195
tu corazón, ya pendiente
de los labios de don Juan,
y cuyas ideas van
inflamando en su interior
un fuego germinador   2200
no encendido todavía,

¿no es verdad, estrella mía,
que están respirando amor?
Y esas dos líquidas perlas
que se desprenden tranquilas   2205
de tus radiantes pupilas
convidándome a beberlas,
evaporarse a no verlas,
de sí mismas al calor;
y ese encendido color   2210
que en tu semblante no había,
¿no es verdad, hermosa mía,
que están respirando amor?
¡Oh! Sí, bellísima Inés,
espejo y luz de mis ojos;   2215
escucharme sin enojos,
como lo haces, amor es;
mira aquí a tus plantas, pues,
todo el altivo rigor
de este corazón traidor   2220
que rendirse no creía,
adorando, vida mía,
la esclavitud de tu amor.

DOÑA INÉS.   Callad, por Dios, ¡oh! don Juan,
que no podré resistir   2225
mucho tiempo sin morir,
tan nunca sentido afán.
¡Ah! Callad, por compasión,
que oyéndoos me parece
que mi cerebro enloquece,   2230
y se arde mi corazón.
¡Ah! Me habéis dado a beber
un filtro infernal sin duda,
que a rendiros os ayuda
la virtud de la mujer.   2235
Tal vez poseéis, don Juan,
un misterioso amuleto
que a vos me atrae en secreto
como irresistible imán.

Tal vez Satán puso en vos   2240
su vista fascinadora,
su palabra seductora,
y el amor que negó a Dios.
¿Y qué he de hacer, ¡ay de mí!,
sino caer en vuestros brazos,   2245
si el corazón en pedazos
me vais robando de aquí?
No, don Juan, en poder mío
resistirte no está ya;
yo voy a ti como va   2250
sorbido al mar ese río.
Tu presencia me enajena,
tus palabras me alucinan,
y tus ojos me fascinan,
y tu aliento me envenena.   2255
¡Don Juan!, ¡don Juan!, yo lo
imploro de tu hidalga compasión:
o arráncame el corazón,
o ámame, porque te adoro.

D. JUAN.   ¡Alma mía! Esa palabra   2260
cambia de modo mi ser,
que alcanzo que puede hacer
hasta que el Edén se me abra.
No es, doña Inés, Satanás
quien pone este amor en mí: 2265
es Dios, que quiere por ti
ganarme para *Él* [64] quizás.
No, el amor que hoy se atesora
en mi corazón mortal,
no es un amor terrenal   2270
como el que sentí hasta ahora;
no es esa chispa fugaz
que cualquier ráfaga apaga;
es incendio que se traga
cuanto ve, inmenso, voraz.   2275

---

[64] Aunque *Él*, cuando se refiere a Dios, no suele escribirse en cursiva,
Zorrilla claramente subraya la palabra en el manuscrito.

> Desecha, pues, tu inquietud,
> bellísima doña Inés,
> porque me siento a tus pies
> capaz aún de la virtud.
> Sí, iré mi orgullo a postrar   2280
> ante el buen Comendador,
> y o habrá de darme tu amor,
> o me tendrá que matar.

DOÑA INÉS.   ¡Don Juan de mi corazón!

D. JUAN.   ¡Silencio! ¿Habéis escuchado?   2285

DOÑA INÉS.   ¿Qué?

D. JUAN.   Sí, una barca ha atracado
> debajo de ese balcón.
> Un hombre embozado de ella
> salta… Brígida, al momento
> pasad a ese otro aposento,   2290
> y perdonad, Inés bella,
> si solo me importa estar.

DOÑA INÉS.   ¿Tardarás?

D. JUAN.   Poco ha de ser.

DOÑA INÉS.   A mi padre hemos de ver.

D. JUAN.   Sí, en cuanto empiece a clarear.   2295
> Adiós.

ESCENA IV

DON JUAN, CIUTTI.

CIUTTI.   Señor.

D. JUAN.   ¿Qué sucede,
> Ciutti?

CIUTTI.   Ahí está un embozado
                 en veros muy empeñado.

D. JUAN.   ¿Quién es?

CIUTTI.   Dice que no puede
                 descubrirse más que a vos,   2300
                 y que es cosa de tal priesa,
                 que en ella se os interesa
                 la vida a entrambos a dos.

D. JUAN.   ¿Y en él no has reconocido
                 marca ni señal alguna   2305
                 que nos oriente?

CIUTTI.   Ninguna;
                 mas a veros decidido
                 viene.

D. JUAN.   ¿Trae gente?

CIUTTI.   No más
                 que los remeros del bote.

D. JUAN.   Que entre.

                      ESCENA V

DON JUAN; *luego* CIUTTI *y* DON LUIS *embozado.*

D. JUAN.   ¡Jugamos a escote[65]   2310
                 la vida…! Mas ¿si es quizás
                 un traidor que hasta mi quinta
                 me viene siguiendo el paso?

---

[65] ¡*Jugamos a escote*!: no está totalmente claro el sentido de esta expresión. Existe el conocido "pagar a escote", es decir, que cada uno paga la
parte que le corresponde en un gasto común. ¿Será que cada uno se juega
su propia vida y que *jugamos a escote / la vida* signifique, sencillamente,
que *nos jugamos la vida*?

Hálleme, pues, por si acaso
con las armas en la cinta.   2315
(*Se ciñe la espada y suspende al
cinto un par de pistolas que
habrá colocado sobre la mesa a
su salida en la escena tercera. Al
momento sale Ciutti conduciendo
a don Luis, que, embozado hasta
los ojos, espera a que se queden
solos. Don Juan hace a Ciutti una
seña para que se retire. Lo hace.*)

ESCENA VI

DON JUAN, DON LUIS.

D. JUAN.   (Buen talante.) Bien venido,
caballero.

D. LUIS.   Bien hallado,
señor mío.

D. JUAN.   Sin cuidado
hablad.

D. LUIS.   Jamás lo he tenido.

D. JUAN.   Decid, pues: ¿a qué venís   2320
a esta hora y con tal afán?

D. LUIS.   Vengo a mataros, don Juan.

D. JUAN.   Según eso, sois don Luis.

D. LUIS.   No os engañó el corazón,
y el tiempo no malgastemos,   2325
don Juan; los dos no cabemos
ya en la tierra.

D. JUAN.   En conclusión,

señor Mejía, ¿es decir
que porque os gané la apuesta
queréis que acabe la fiesta   2330
con salirnos a batir?

D. LUIS.   Estáis puesto en la razón;
la vida apostado habemos,
y es fuerza que nos paguemos.

D. JUAN.   Soy de la misma opinión.   2335
Mas ved que os debo advertir
que sois vos quien la ha perdido.

D. LUIS.   Pues por eso os la he traído;
mas no creo que morir
deba nunca un caballero   2340
que lleva en el cinto espada,
como una res destinada
por su dueño al matadero.

D. JUAN.   Ni yo creo que resquicio
habréis jamás encontrado   2345
por donde me hayáis tomado
por un cortador de oficio.

D. LUIS.   De ningún modo; y ya veis
que, pues os vengo a buscar,
mucho en vos debo fiar.   2350

D. JUAN.   No más de lo que podéis.
Y por mostraros mejor
mi generosa hidalguía,
decid si aún puedo, Mejía,
satisfacer vuestro honor.   2355
Leal la apuesta os gané;
mas si tanto os ha escocido,
mirad si halláis conocido
remedio, y le aplicaré.

D. LUIS.   No hay más que el que os he propuesto, 2360
don Juan. Me habéis maniatado,
y habéis la casa asaltado

	usurpándome mi puesto;	
	y pues el mío tomasteis	
	para triunfar de doña Ana,	2365
	no sois vos, don Juan, quien gana,	
	porque por otro jugasteis.	
D. JUAN.	Ardides del juego son.	
D. LUIS.	Pues no os los quiero pasar,	
	y por ellos a jugar	2370
	vamos ahora el corazón.	
D. JUAN.	¿Le arriesgáis, pues, en revancha	
	de doña Ana de Pantoja?	
D. LUIS.	Sí; y lo que tardo me enoja	
	en lavar tan fea mancha.	2375
	Don Juan, yo la amaba, sí;	
	mas con lo que habéis osado	
	imposible la hais[66] dejado	
	para vos y para mí.	
D. JUAN.	¿Por qué la apostasteis, pues?	2380
D. LUIS.	Porque no pude pensar	
	que lo pudierais lograr.	
	Y... vamos, por San Andrés,	
	a reñir, que me impaciento.	
D. JUAN.	Bajemos a la ribera.	2385
D. LUIS.	Aquí mismo.	
D. JUAN.	Necio fuera;	
	¿no veis que en este aposento	
	prendieran al vencedor?	
	Vos traéis una barquilla.	
D. LUIS.	Sí.	
D. JUAN.	Pues que lleve a Sevilla	2390

[66] *hais*: en lugar de *habéis* para mantener el número de sílabas del octo-sílabo; cf. *supra*, v. 2333, *habemos* por *hemos*.

al que quede.

D. LUIS.   Eso es mejor;
salgamos pues.

D. JUAN.   Esperad.

D. LUIS.   ¿Qué sucede?

D. JUAN.   Ruido siento.

D. LUIS.   Pues no perdamos momento.

ESCENA VII

DON JUAN, DON LUIS, CIUTTI.

CIUTTI.   Señor, la vida salvad.   2395

D. JUAN.   ¿Qué hay, pues?

CIUTTI.   El Comendador
que llega con gente armada.

D. JUAN.   Déjale franca la entrada,
pero a él solo.

CIUTTI.   Mas, señor...

D. JUAN.   Obedéceme.
               (*Vase Ciutti.*)

ESCENA VIII

DON JUAN, DON LUIS.

D. JUAN.   Don Luis,   2400

pues de mí os habéis fiado
cuanto dejáis demostrado
cuando a mi casa venís,
no dudaré en suplicaros,
pues mi valor conocéis,   2405
que un instante me aguardéis.

D. *Luis.*   Yo nunca puse reparos
en valor que es tan notorio,
mas no me fío de vos.

D. JUAN.   Ved que las partes son dos   2410
de la apuesta con Tenorio,
y que ganadas están.

D. LUIS.   ¡Lograsteis a un tiempo…!

D. JUAN.   Sí,
la del convento está aquí;
y pues viene de don Juan   2415
a reclamarla quien puede,
cuando me podéis matar
no debo asunto dejar
tras mí que pendiente quede.

D. LUIS.   Pero mirad que meter   2420
quien puede el lance impedir
entre los dos puede ser…

D. JUAN.   ¿Qué?

D. LUIS.   Excusaros de reñir.

D. JUAN.   ¡Miserable…! De don Juan
podéis dudar sólo vos;   2425
mas aquí entrad, vive Dios,
y no tengáis tanto afán
por vengaros, que este asunto
arreglado con ese hombre,
don Luis, yo os juro a mi nombre   2430
que nos batimos al punto.

D. LUIS.	Pero...

D. JUAN.   ¡Con una legión
de diablos! Entrad aquí;
que harta nobleza es en mí
aún daros satisfacción.   2435
Desde ahí ved y escuchad;
franca tenéis esa puerta.
Si veis mi conducta incierta,
como os acomode obrad.

D. LUIS.   Me avengo, si muy reacio   2440
no andáis.

D. JUAN.   Calculadlo vos
a placer; mas, vive Dios,
que para todo hay espacio.
(*Entra don Luis en el cuarto que don
Juan le señala.*)
Ya suben. (*Don Juan escucha.*)

D. GONZ.   (*Dentro.*) ¿Dónde está?

D. JUAN.   Él es.

ESCENA IX

DON JUAN, DON GONZALO.

D. GONZ.   ¿Adónde está ese traidor?   2445

D. JUAN.   Aquí está, Comendador.

D. GONZ.   ¿De rodillas?[67]

D. JUAN.   Y a tus pies.

[67] Esta escena recuerda la famosa escena viii del primer acto de *Don
Álvaro o la fuerza del sino*, del duque de Rivas, cuando don Álvaro se arrodilla delante del marqués de Calatrava, padre de Leonor. Don Juan también
se arrodilla en la obra de Dumas.

D. Gonz.	Vil eres hasta en tus crímenes.	
D. Juan.	Anciano, la lengua ten,	
	y escúchame un solo instante.	2450

D. Gonz. ¿Qué puede en tu lengua haber
que borre lo que tu mano
escribió en este papel?
¡Ir a sorprender, infame,
la cándida sencillez   2455
de quien no pudo el veneno
de esas letras precaver!
¡Derramar en su alma virgen
traidoramente la hiel
en que rebosa la tuya,   2460
seca de virtud y fe!
¡Proponerse así enlodar
de mis timbres la alta prez,
como si fuera un harapo
que desecha un mercader!   2465
¿Ése es el valor, Tenorio,
de que blasonas? ¿Ésa es
la proverbial osadía
que te da al vulgo a temer?
¿Con viejos y con doncellas   2470
la muestras…? Y ¿para qué?
¡Vive Dios! Para venir
sus plantas así a lamer,
mostrándote a un tiempo ajeno
de valor y de honradez.   2475

D. Juan. ¡Comendador!

D. Gonz.   Miserable,
tú has robado a mi hija Inés
de su convento, y yo vengo
por tu vida o por mi bien.

D. Juan. Jamás delante de un hombre   2480
mi alta cerviz incliné,
ni he suplicado jamás

	ni a mi padre ni a mi rey.	
	Y pues conservo a tus plantas	
	la postura en que me ves,	2485
	considera, don Gonzalo,	
	que razón debo tener.	

D. GONZ.   Lo que tienes es pavor
            de mi justicia.

D. JUAN.   ¡Pardiez!
            Óyeme, Comendador,   2490
            o tenerme[68] no sabré,
            y seré quien siempre he sido,
            no queriéndolo ahora ser.

D. GONZ.   ¡Vive Dios!

D. JUAN.   Comendador,
            yo idolatro a doña Inés,   2495
            persuadido de que el cielo
            nos la quiso conceder
            para enderezar mis pasos
            por el sendero del bien.
            No amé la hermosura en ella,   2500
            ni sus gracias adoré;
            lo que adoro es la virtud,
            don Gonzalo, en doña Inés.
            Lo que justicias ni obispos
            no pudieron de mí hacer   2505
            con cárceles y sermones,
            lo pudo su candidez.
            Su amor me torna en otro hombre,
            regenerando mi ser,
            y ella puede hacer un ángel   2510
            de quien un demonio fue.
            Escucha, pues, don Gonzalo,
            lo que te puede ofrecer

---

[68] *tenerme: contenerme.*

el audaz don Juan Tenorio[69]
de rodillas a tus pies.   2515
Yo seré esclavo de tu hija,
en tu casa viviré,
tú gobernarás mi hacienda
diciéndome: *esto ha de ser*.
El tiempo que señalares   2520
en reclusión estaré;
cuantas pruebas exigieres
de mi audacia o mi altivez,
del modo que me ordenares
con sumisión te daré;   2525
y cuando estime tu juicio
que la puedo merecer,
yo la daré un buen esposo
y ella me dará el Edén.

D. GONZ.   Basta, don Juan; no sé cómo   2530
me he podido contener
oyendo tan torpes pruebas
de tu infame avilantez.[70]
Don Juan, tú eres un cobarde
cuando en la ocasión te ves,   2535
y no hay bajeza a que no oses
como te saque con bien.

D. JUAN.   ¡Don Gonzalo!

D. GONZ.   Y me avergüenzo
de mirarte así a mis pies,
lo que apostabas por fuerza   2540
suplicando por merced.

D. JUAN.   Todo así se satisface,
don Gonzalo, de una vez.

---

[69] En 1898 Antonio Careta y Vidal publicó una parodia del *Tenorio* con el siguiente título: *El audaz don Juan Tenorio. Drama en cinco actos y en verso, inspirado en lo que sobre el legendario personaje han escrito grandes ingenios, especialmente en lo que no ve el espectador en la obra del inmortal Zorrilla* (Barcelona: Impr. de la Industria, 1898).
[70] *avilantez*: "Audacia, osadía, arrogancia, con que el inferior, o súbdito se atreve al Príncipe o superior, se dispone contra él, y le falta el respeto". *DRAE*.

D. GONZ.	¡Nunca, nunca! ¿Tú su esposo?	
	Primero la mataré.	2545
	¡Ea! Entrégamela al punto,	
	o sin poderme valer,	
	en esa postura vil	
	el pecho te cruzaré.	

D. JUAN.	Míralo bien, don Gonzalo;	2550
	que vas a hacerme perder	
	con ella hasta la esperanza	
	de mi salvación tal vez.	

D. GONZ.	¿Y qué tengo yo, don Juan,	
	con tu salvación que ver?	2555

D. JUAN.   Comendador, que me pierdes.

D. GONZ.   Mi hija.

D. JUAN.	Considera bien	
	que por cuantos medios pude	
	te quise satisfacer,	
	y que con armas al cinto	2560
	tus denuestos toleré,	
	proponiéndote la paz	
	de rodillas a tus pies.	

ESCENA X

Dichos. DON LUIS, *soltando una carcajada de burla.*

D. LUIS.   Muy bien, don Juan.

D. JUAN.   ¡Vive Dios!

D. GONZ.   ¿Quién es ese hombre?

D. LUIS.	Un testigo	2565
	de su miedo, y un amigo,	
	Comendador, para vos.	

D. JUAN.   ¡Don Luis!

D. LUIS.   Ya he visto bastante,
don Juan, para conocer
cuál uso puedes hacer   2570
de tu valor arrogante;
y quien hiere por detrás
y se humilla en la ocasión,
es tan vil como el ladrón
que roba y huye.

D. JUAN.   ¿Esto más?   2575

D. LUIS.   Y pues la ira soberana
de Dios junta, como ves,
al padre de doña Inés
y al vengador de doña Ana,
mira el fin que aquí te espera   2580
cuando a igual tiempo te alcanza,
aquí dentro su venganza
y la justicia allá fuera.

D. *Gonz.*   ¡Oh! Ahora comprendo… ¿Sois vos
el que…?

D. LUIS.   Soy don Luis Mejía,   2585
a quien a tiempo os envía
por vuestra venganza Dios.

D. JUAN.   ¡Basta, pues, de tal suplicio!
Si con hacienda y honor
ni os muestro ni doy valor   2590
a mi franco sacrificio,
y la leal solicitud
con que ofrezco cuanto puedo
tomáis, vive Dios, por miedo
y os mofáis de mi virtud,   2595
os acepto el que me dais
plazo breve y perentorio,
para mostrarme el Tenorio
de cuyo valor dudáis.

D. LUIS.	Sea; y cae a nuestros pies,	2600
	digno al menos de esa fama	
	que por tan bravo te aclama.	

D. JUAN.	Y venza el infierno, pues.	
	Ulloa, pues mi alma así	
	vuelves a hundir en el vicio,	2605
	cuando Dios me llame a juicio,	
	tú responderás por mí.	
	(*Le da un pistoletazo.*)	

D. GONZ.	¡Asesino!

D. JUAN.	Y tú, insensato,	
	que me llamas vil ladrón,	
	di en prueba de tu razón	2610
	que cara a cara te mato.	
	(*Riñen, y le da una estocada.*)	

D. LUIS.	¡Jesus!

D. JUAN.	Tarde tu fe ciega	
	acude al cielo, Mejía,	
	y no fue por culpa mía;	
	pero la justicia llega,	2615
	y a fe que ha de ver quién soy.	
CIUTTI.	(*Dentro.*)	
	Don Juan.	

D. JUAN.	(*Asomando al balcón.*)
	¿Quién es?

CIUTTI.	(*Dentro.*) Por aquí;
	salvaos.

D. JUAN.	¿Hay paso?

CIUTTI.	Sí;
	arrojaos.

D. JUAN.	Allá voy.	
	Llamé al cielo y no me oyó,	2620
	y pues sus puertas me cierra,	
	de mis pasos en la tierra	

responda el cielo, y no yo.

(*Se arroja por el balcón, y se le oye caer en el agua del río, al mismo tiempo que el ruido de los remos muestra la rapidez del barco en que parte; se oyen golpes en las puertas de la habitación; poco después entra la justicia, soldados, etc.*)

ESCENA XI

ALGUACILES, SOLDADOS;
luego DOÑA INÉS *y* BRÍGIDA.

ALG. 1º   El tiro ha sonado aquí.

ALG. 2º   Aún hay humo.

ALG. 1º   ¡Santo Dios!   2625
Aquí hay un cadáver.

ALG. 2º   Dos.

ALG. 1º   ¿Y el matador?

ALG. 2º   Por allí.
(*Abren el cuarto en que están doña Inés y Brígida, y las sacan a la escena; doña Inés reconoce el cadáver de su padre.*)

ALG. 1º   ¡Dos mujeres!

DOÑA INÉS.   ¡Ah, qué horror,
padre mío!

ALG. 1º   ¡Es su hija!

BRÍGIDA.   Sí.

DOÑA INÉS.	¡Ay! ¿Dó estás, don Juan, que aquí	2630
	me olvidas en tal dolor?	
ALG. 1º	Él le asesinó.	
DOÑA INÉS.	¡Dios mío!	
	¿Me guardabas esto más?	
ALG. 2º	Por aquí ese Satanás	
	se arrojó, sin duda, al río.	2635
ALG. 1º	Miradlos…, a bordo están	
	del bergantín calabrés.	
TODOS.	¡Justicia por doña Inés!	
DOÑA INÉS.	Pero no contra don Juan.	

F I N
DEL ACTO CUARTO

José María Avrial y Flores: Diseño de escenografía para una producción de *Don Juan Tenorio* (Teatro de la Cruz, 1848).

Cortesía del Museo del Teatro, Almagro.

Figurín de Salvador Dalí para una producción de *Don Juan Tenorio* (Teatro María Guerrero, 1964).

Cortesía del Museo del Teatro, Almagro.

SEGUNDA PARTE

ACTO PRIMERO

LA SOMBRA DE DOÑA INÉS

Personas

Don Juan.	Un Escultor.
El Capitan Centellas.	La Sombra de Doña Inés.
Don Rafael de Avellaneda.	

Panteón de la familia Tenorio. El teatro representa un magnífico cementerio, hermoseado a manera de jardín. En primer término, aislados y de bulto,[71] los sepulcros de don Gonzalo Ulloa, de doña Inés y de don Luis Mejía, sobre los cuales se ven sus estatuas de piedra. El sepulcro de don Gonzalo a la derecha, y su estatua de rodillas; el de don Luis a la izquierda, y su estatua también de rodillas; el de doña Inés en el centro, y su estatua de pie. En segundo término otros dos sepulcros en la forma que convenga; y en el tercer término y en puesto elevado, el sepulcro y estatua del fundador don Diego Tenorio, en cuya figura remata la perspectiva de los sepulcros. Una pared llena de nichos y lápidas circuye el cuadro hasta el horizonte. Dos llorones[72] a cada lado de la tumba de doña Inés, dispuestos a servir de la manera que a su tiempo exige el juego escénico. Cipreses y flores de todas clases embellecen

---

[71] *de bulto*: una *figura de bulto* es una figura que "se hace de piedra, madera u otra materia." Es decir, los sepulcros no están pintados en el telón, sino montados independientemente en el escenario.

[72] *llorones*: *sauces llorones*, también llamados "sauces de Babilonia", árbol de adorno.

la decoración, que no debe tener nada de horrible. La
acción se supone en una tranquila noche de verano, y
alumbrada por una clarísima luna.

ESCENA PRIMERA

EL ESCULTOR, *disponiéndose a marchar.*

Pues, señor, es cosa hecha: 2640
el alma del buen don Diego
puede, a mi ver, con sosiego
reposar muy satisfecha.
La obra está rematada
con cuanta suntuosidad   2645
su postrera voluntad
dejó al mundo encomendada.
Y ya quisieran, ¡pardiez!,
todos los ricos que mueren
que su voluntad cumplieren   2650
los vivos como esta vez.
Mas ya de marcharme es hora;
todo corriente lo dejo,
y de Sevilla me alejo
al despuntar de la aurora.   2655
¡Ah! Mármoles que mis manos
pulieron con tanto afán,
mañana os contemplarán
los absortos sevillanos;
y al mirar de este panteón   2660
las gigantes proporciones,
tendrán las generaciones
la nuestra en veneración.
Mas yendo y viniendo días,
se hundirán unas tras otras,   2665
mientra en pie estaréis vosotras,
póstumas memorias mías.

¡Oh!, frutos de mis desvelos,
peñas a quien yo animé
y por quienes arrostré   2670
la intemperie de los cielos;
el que forma y ser os dio
va ya a perderos de vista;
¡velad mi gloria de artista,
pues viviréis más que yo!   2675
Mas ¿quién llega?

ESCENA II

EL ESCULTOR; DON JUAN, *que entra embozado.*

ESCULTOR.   Caballero…

D. JUAN.   Dios le guarde.

ESCULTOR.   Perdonad,
mas ya es tarde, y…

D. JUAN.   Aguardad
un instante, porque quiero
que me expliquéis…

ESCULTOR.   ¿Por acaso   2680
sois forastero?

D. JUAN.   Años ha
que falto de España ya,
y me chocó el ver al paso
cuando a esas verjas llegué
que encontraba este recinto   2685
enteramente distinto
de cuando yo le dejé.

ESCULTOR.   Yo lo creo; como que esto
era entonces un palacio,

	y hoy es panteón el espacio	2690
	donde aquél estuvo puesto.	
D. JUAN.	¡El palacio hecho panteón!	
ESCULTOR.	Tal fue de su antiguo dueño	
	la voluntad, y fue empeño	
	que dio al mundo admiración.	2695
D. JUAN.	¡Y, por Dios, que es de admirar!	
ESCULTOR.	Es una famosa historia,	
	a la cual debo mi gloria.	
D. JUAN.	¿Me la podréis relatar?	
ESCULTOR.	Sí; aunque muy sucintamente,	2700
	pues me aguardan.	
D. JUAN.	Sea.	
ESCULTOR.	Oíd	
	la verdad pura.	
D. JUAN.	Decid,	
	que me tenéis impaciente.	
ESCULTOR.	Pues habitó esta ciudad	
	y este palacio heredado,	2705
	un varón muy estimado	
	por su noble calidad.	
D. JUAN.	Don Diego Tenorio.	
ESCULTOR.	El mismo.	
	Tuvo un hijo este don Diego	
	peor mil veces que el fuego,	2710
	un aborto del abismo.	
	Un mozo sangriento y cruel,	
	que con tierra y cielo en guerra,	
	dicen que nada en la tierra	
	fue respetado por él.	2715
	Quimerista,[73] seductor	

---

[73] *quimerista*: "que mueve riñas y pendencias".

y jugador con ventura,
no hubo para él segura
vida, ni hacienda, ni honor.
Así le pinta la historia,   2720
y si tal era, por cierto
que obró cuerdamente el muerto
para ganarse la gloria.

D. JUAN.   Pues ¿cómo obró?

ESCULTOR.   Dejó entera
su hacienda al que la empleara   2725
en un panteón que asombrara
a la gente venidera.
Mas con condición que dijo
que se enterraran en él
los que a la mano cruel   2730
sucumbieron de su hijo.
Y mirad en derredor
los sepulcros de los más
de ellos.

D. JUAN.   ¿Y vos sois quizás,
el conserje?

ESCULTOR.   El escultor   2735
de estas obras encargado.

D. JUAN.   ¡Ah! ¿Y las habéis concluido?

ESCULTOR.   Ha un mes; mas me he detenido
hasta ver ese enverjado
colocado en su lugar;   2740
pues he querido impedir
que pueda el vulgo venir
este sitio a profanar.

D. JUAN.   (*Mirando.*)
¡Bien empleó sus riquezas
el difunto!

ESCULTOR.   ¡Ya lo creo!   2745
Miradle allí.

D. JUAN.   Ya le veo.

ESCULTOR.   ¿Le conocisteis?

D. JUAN.   Sí.

ESCULTOR.   Piezas
son todas muy parecidas
y a conciencia trabajadas.

D. JUAN.   ¡Cierto que son extremadas![74]   2750

ESCULTOR.   ¿Os han sido conocidas
las personas?

D. JUAN.   Todas ellas.

ESCULTOR.   ¿Y os parecen bien?

D. JUAN.   Sin duda,
según lo que a ver me ayuda
el fulgor de las estrellas.   2755

ESCULTOR.   ¡Oh! Se ven como de día
con esta luna tan clara.
Esta es mármol de Carrara.
(*Señalando a la de don Luis.*)

D. JUAN.   ¡Buen busto es el de Mejía!
¡Hola! Aquí el Comendador   2760
se representa muy bien.

ESCULTOR.   Yo quise poner también
la estatua del matador
entre sus víctimas, pero
no pude a manos haber   2765
su retrato… Un Lucifer[75]
dicen que era el caballero
don Juan Tenorio.

D. JUAN.   ¡Muy malo!
Mas como pudiera hablar,

---

[74] *extremadas*: *sumamente buenas, excelentes.*
[75] *Lucifer*: jefe de los ángeles rebeldes, el demonio.

le había algo de abonar   2770
la estatua de don Gonzalo.

ESCULTOR.   ¿También habéis conocido
a don Juan?

D. JUAN.   Mucho.

ESCULTOR.   Don Diego
le abandonó desde luego
desheredándole.

D. JUAN.   Ha sido   2775
para don Juan poco daño
ése, porque la fortuna
va tras él desde la cuna.

ESCULTOR.   Dicen que ha muerto.

D. JUAN.   Es engaño:
vive.

ESCULTOR.   ¿Dónde?

D. JUAN.   Aquí, en Sevilla.   2780

ESCULTOR.   ¿Y no teme que el furor
popular…?

D. JUAN.   En su valor
no ha echado el miedo semilla.

ESCULTOR.   Mas cuando vea el lugar
en que está ya convertido   2785
el solar que suyo ha sido,
no osará en Sevilla estar.

D. JUAN.   Antes ver tendrá a fortuna
en su casa reunidas
personas de él conocidas,   2790
puesto que no odia a ninguna.

ESCULTOR.   ¿Creéis que ose aquí venir?

D. JUAN.   ¿Por qué no? Pienso, a mi ver,
que donde vino a nacer

	justo es que venga a morir.	2795
	Y pues le quitan su herencia	
	para enterrar a éstos bien,	
	a él es muy justo también	
	que le entierren con decencia.	

ESCULTOR.   Sólo a él le está prohibida   2800
              en este panteón la entrada.

D. JUAN.   Trae don Juan muy buena espada,
              y no sé quién se lo impida.

ESCULTOR.   ¡Jesús! ¡Tal profanación!

D. JUAN.   Hombre es don Juan que, a querer,   2805
              volverá el palacio a hacer
              encima del panteón.

ESCULTOR.   ¿Tan audaz ese hombre es
              que aun a los muertos se atreve?

D. JUAN.   ¿Qué respetos gastar debe   2810
              con los que tendió a sus pies?

ESCULTOR.   ¿Pero no tiene conciencia
              ni alma ese hombre?

D. JUAN.   Tal vez no,
              que al cielo una vez llamó
              con voces de penitencia,   2815
              y el cielo, en trance tan fuerte
              allí mismo le metió,
              que a dos inocentes dio,
              para salvarse, la muerte.

ESCULTOR.   ¡Qué monstruo, supremo Dios!   2820

D. JUAN.   Podéis estar convencido
              de que Dios no le ha querido.

ESCULTOR.   Tal será.

D. JUAN.   Mejor que vos.

ESCULTOR.   (¿Y quién será el que a don Juan

	abona con tanto brío?)	2825
	Caballero, a pesar mío,	
	como aguardándome están…	
D. JUAN.	Idos, pues, enhorabuena.	
ESCULTOR.	He de cerrar.	
D. JUAN.	No cerréis	
	y marchaos.	
ESCULTOR.	¿Mas no veis…?	2830
D. JUAN.	Veo una noche serena	
	y un lugar que me acomoda	
	para gozar su frescura,	
	y aquí he de estar a mi holgura,[76]	
	si pesa a Sevilla toda.	2835
ESCULTOR.	(¿Si acaso padecerá	
	de locura desvaríos?)	
D. JUAN.	(Dirigiéndose a las estatuas.)	
	Ya estoy aquí, amigos míos.	
ESCULTOR.	¿No lo dije? Loco está.	
D. JUAN.	Mas cielos, ¡qué es lo que veo!	2840
	O es ilusión de mi vista,	
	o a doña Inés el artista	
	aquí representa, creo.	
ESCULTOR.	Sin duda.	
D. JUAN.	¿También murió?	
ESCULTOR.	Dicen que de sentimiento[77]	2845
	cuando de nuevo al convento	
	abandonada volvió	
	por don Juan.	
D. JUAN.	¿Y yace aquí?	

---

[76] *a mi holgura*: *a mis anchas*, estar cómodo.
[77] Es decir, de profunda tristeza.

ESCULTOR.   Sí.

D. JUAN.   ¿La visteis muerta vos?

ESCULTOR.   Sí.

D. JUAN.   ¿Cómo estaba?

ESCULTOR.   ¡Por Dios   2850
que dormida la creí!
La muerte fue tan piadosa
con su cándida hermosura,
que la envió con la frescura
y las tintas de la rosa.   2855

D. JUAN.   ¡Ah! Mal la muerte podría
deshacer con torpe mano
el semblante soberano
que un ángel envidiaría.
¡Cuán bella y cuán parecida   2860
su efigie en el mármol es!
¡Quién pudiera, doña Inés,
volver a darte la vida!
¿Es obra del cincel vuestro?

ESCULTOR.   Como todas las demás.   2865

D. JUAN.   Pues bien merece algo más
un retrato tan maestro.
Tomad.

ESCULTOR.   ¿Qué me dais aquí?

D. JUAN.   ¿No lo veis?

ESCULTOR.   Mas…, caballero…,
¿por qué razón…?

D. JUAN.   Porque quiero   2870
yo que os acordéis de mí.

ESCULTOR.   Mirad que están bien pagadas.

D. JUAN.   Así lo estarán mejor.

ESCULTOR.   Mas vamos de aquí, señor,

	que aún las llaves entregadas	2875
	no están, y al salir la aurora	
	tengo que partir de aquí.	

D. JUAN.   Entregádmelas a mí,
             y marchaos desde ahora.

ESCULTOR.   ¿A vos?

D. JUAN.   A mí. ¿Qué dudáis?   2880

ESCULTOR.   Como no tengo el honor…

D. JUAN.   Ea, acabad, escultor.

ESCULTOR.   Si el nombre al menos que usáis
             supiera…

D. JUAN.   ¡Viven los cielos!
             Dejad a don Juan Tenorio   2885
             velar el lecho mortuorio
             en que duermen sus abuelos.

ESCULTOR.   ¡Don Juan Tenorio!

D. JUAN.   Yo soy.
             Y si no me satisfaces,
             compañía juro que haces   2890
             a tus estatuas desde hoy.

ESCULTOR.   (*Alargándole las llaves.*)
             Tomad. (No quiero la piel
             dejar aquí entre sus manos.
             Ahora que los sevillanos
             se las compongan con él.) (*Vase.*)   2895

ESCENA III

DON JUAN.

Mi buen padre empleó en esto

entera la hacienda mía;
hizo bien: yo al otro día
la hubiera a una carta puesto.
No os podéis quejar de mí,   2900
vosotros a quien maté;
si buena vida os quité,
buena sepultura os di.
¡Magnífica es en verdad
la idea de tal panteón!   2905
Y... siento que el corazón
me halaga esta soledad.
¡Hermosa noche...! ¡Ay de mí!
¡Cuántas como ésta tan puras,
en infames aventuras   2910
desatinado perdí!
¡Cuántas, al mismo fulgor
de esa luna transparente,
arranqué a algún inocente
la existencia o el honor!   2915
Sí, despés de tantos años
cuyos recuerdos me espantan,
siento que en mí se levantan
pensamientos en mí extraños.
¡Oh! Acaso me los inspira   2920
desde el cielo en donde mora
esa sombra protectora
que por mi mal no respira.
(*Se dirige a la estatua de
doña Inés hablándola con respeto.*)
Mármol en quien doña Inés
en cuerpo sin alma existe,   2925
deja que el alma de un triste
llore un momento a tus pies.
De azares mil a través
conservé tu imagen pura,
y pues la mala ventura   2930
te asesinó de don Juan,
contempla con cuánto afán
vendrá hoy a tu sepultura.

En ti nada más pensó
desde que se fue de ti;   2935
y desde que huyó de aquí,
sólo en volver meditó.
Don Juan tan sólo esperó
de doña Inés su ventura,
y hoy que en pos de su hermosura   2940
vuelve el infeliz don Juan,
mira cuál será su afán
al dar con tu sepultura.
Inocente doña Inés,
cuya hermosa juventud   2945
encerró en el ataúd
quien llorando está a tus pies;
si de esa piedra a través
puedes mirar la amargura
del alma que tu hermosura   2950
adoró con tanto afán,
prepara un lado a don Juan
en tu misma sepultura.
Dios te crió por mi bien,
por ti pensé en la virtud,   2955
adoré su excelsitud,
y anhelé su santo Edén.
Sí, aún hoy mismo en ti también
mi esperanza se asegura,
que oigo una voz que murmura   2960
en derredor de don Juan
palabras con que su afán
se calma en tu sepultura.
¡Oh, doña Inés de mi vida!
Si esa voz con quien deliro   2965
es el postrimer suspiro
de tu eterna despedida;
si es que de ti desprendida
llega esa voz a la altura,
y hay un Dios tras esa anchura   2970
por donde los astros van,
dile que mire a don Juan

llorando en tu sepultura.
(Se apoya en el sepulcro ocultando el
rostro; y mientras se conserva en
esta postura un vapor que se levanta
del sepulcro oculta la estatua de
doña Inés. Cuando el vapor se des-
vanece la estatua ha desaparecido.
Don Juan sale de su enajenamiento.)
Este mármol sepulcral
adormece mi vigor,   2975
y sentir creo en redor[78]
un ser sobrenatural.
Mas… ¡cielos! ¡El pedestal
no mantiene su escultura!
¿Qué es esto? ¿Aquella figura   2980
fue creación de mi afán?

ESCENA IV

El llorón y las flores de la izquierda del sepulcro de doña
Inés se cambian en una apariencia, dejando ver dentro de
ella, y en medio de resplandores, la Sombra de doña Inés.[79]

DON JUAN, LA SOMBRA DE DOÑA INÉS.

SOMBRA.   No; mi espíritu, don Juan,
              te aguardó en mi sepultura.

D. JUAN.   *(De rodillas.)*
              ¡Doña Inés! ¡Sombra querida,

---

[78] *en redor: alrededor.* Ver v. 2961, *en derredor,* y v. 3677.

[79] Estos elementos mágicos recuerdan las comedias de magia que Zorrilla conocía y que se representaban con frecuencia en los años anteriores al
estreno de su *Don Juan Tenorio.* Ver David T. Gies, "*Don Juan Tenorio* y
la tradición de la comedia de magia", *Hispanic Review* 58 (1990): 1-17.

alma de mi corazón,   2985
¡no me quites la razón
si me has de dejar la vida!
Si eres imagen fingida,
sólo hija de mi locura,
no aumentes mi desventura   2990
burlando mi loco afán.

SOMBRA.   Yo soy doña Inés, don Juan,
            que te oyó en su sepultura.

D. JUAN.   ¿Conque vives?

SOMBRA.   Para ti;
            mas tengo mi purgatorio   2995
            en ese mármol mortuorio
            que labraron para mí.
            Yo a Dios mi alma ofrecí
            en precio de tu alma impura,
            y Dios, al ver la ternura   3000
            con que te amaba mi afán,
            me dijo: "Espera a don Juan
            en tu misma sepultura.
            Y pues quieres ser tan fiel
            a un amor de Satanás,   3005
            con don Juan te salvarás,
            o te perderás con él.
            Por él vela; mas si cruel
            te desprecia tu ternura,
            y en su torpeza y locura   3010
            sigue con bárbaro afán,
            llévese tu alma don Juan
            de tu misma sepultura".

D. JUAN.   (*Fascinado.*)
            ¡Yo estoy soñando quizás
            con las sombras de un Edén!   3015

SOMBRA.   No; y ve que si piensas bien,
            a tu lado me tendrás;
            mas si obras mal causarás

nuestra eterna desventura.
Y medita con cordura   3020
que es esta noche, don Juan,
el espacio que nos dan
para buscar sepultura.
Adiós, pues; y en la ardua lucha
en que va a entrar tu existencia,   3025
de tu dormida conciencia
la voz que va alzarse escucha;
porque es de importancia mucha
meditar con sumo tiento
la elección de aquel momento   3030
que sin poder evadirnos
al mal o al bien ha de abrirnos
la losa del monumento.
(*Ciérrase la apariencia; desaparece
doña Inés, y todo queda como al
principio del acto, menos la estatua
de doña Inés, que no vuelve a su
lugar. Don Juan queda atónito.*)

ESCENA V

DON JUAN.

¡Cielos! ¿Qué es lo que escuché?
¡Hasta los muertos así   3035
dejan sus tumbas por mí!
Mas sombra, delirio fue.
Yo en mi mente la forjé;
la imaginación le dio
la forma en que se mostró,   3040
y ciego vine a creer
en la realidad de un ser
que mi mente fabricó.
Mas nunca de modo tal
fanatizó mi razón   3045

mi loca imaginación
con su poder ideal.
Sí, algo sobrenatural
vi en aquella doña Inés
tan vaporosa a través   3050
aun de esa enramada espesa;
mas…, ¡bah!, circunstancia es ésa
que propia de sombras es.
¿Qué más diáfano y sutil
que las quimeras de un sueño?[80]   3055
¿Dónde hay nada más risueño,
más flexible y más gentil?
¿Y no pasa veces mil
que en febril exaltación
ve nuestra imaginación   3060
como ser y realidad
la vacía vanidad
de una anhelada ilusión?
¡Sí, por Dios, delirio fue!
Mas su estatua estaba aquí.   3065
Sí, yo la vi y la toqué,
y aun en albricias le di
al escultor no sé qué.
¡Y ahora sólo el pedestal
veo en la urna funeral!   3070
¡Cielos! La mente me falta,
o de improviso me asalta
algún vértigo infernal.
¿Qué dijo aquella visión?
¡Oh! Yo la oí claramente,   3075
y su voz triste y doliente
resonó en mi corazón.

---

[80] *Quimeras de un sueño* (Madrid: José Rodríguez, 1874). Título de una comedia de magia en cuatro actos escrita por Enrique Zumel (con música de Francisco Vilamala) y estrenada en el Teatro del Recreo en Madrid en 1874. Ver David T. Gies, "*In re magica veritas*: Enrique Zumel y la comedia de magia en la segunda mitad del siglo XIX", *La comedia de magia y de santos*, ed. F.J. Blasco, E. Caldera, J. Álvarez Barrientos, R. de la Fuente (Madrid: Ensayos Júcar, 1992): 433-461.

¡Ah! ¡Y breves las horas son
del plazo que nos augura!
No, no; ¡de mi calentura　　　　　3080
delirio insensato es!
Mi fiebre fue a doña Inés
quien abrió la sepultura.
¡Pasad y desvaneceos,
pasad, siniestros vapores　　　　　3085
de mis perdidos amores
y mis fallidos deseos!
¡Pasad, vanos devaneos
de un amor muerto al nacer;
no me volváis a traer　　　　　3090
entre vuestro torbellino,
ese fantasma divino
que recuerda una mujer!
¡Ah! ¡Estos sueños me aniquilan,
mi cerebro se enloquece…　　　　　3095
y esos mármoles parece
que estremecidos vacilan!
(*Las estatuas se mueven lentamente y
vuelven la cabeza hacia él.*)
Sí, sí; ¡sus bustos oscilan,
su vago contorno medra…!
Pero don Juan no se arredra:　　　　　3100
¡alzaos, fantasmas vanos,
y os volveré con mis manos
a vuestros lechos de piedra!
No, no me causan pavor
vuestros semblantes esquivos;　　　　　3105
jamás, ni muertos ni vivos,
humillaréis mi valor.
Yo soy vuestro matador,
como al mundo es bien notorio;
si en vuestro alcázar mortuorio　　　　　3110
me aprestáis venganza fiera,
daos prisa: aquí os espera
otra vez don Juan Tenorio.

ESCENA VI

DON JUAN, EL CAPITÁN CENTELLAS, AVELLANEDA.

CENTELLAS.   (*Dentro.*)
               ¿Don Juan Tenorio?

D. JUAN.   (*Volviendo en sí.*)
                                   ¿Qué es eso?
               ¿Quién me repite mi nombre?   3115

AVELL.   (*Saliendo.*)
               ¿Veis a alguien?   (*A Centellas.*)

CENTELLAS.   (*Ídem.*)
                               Sí, allí hay un hombre.

D. JUAN.   ¿Quién va?

AVELL.   Él es.

CENTELLAS.   (*Yéndose a don Juan.*)
                               Yo pierdo el seso
               con la alegría. ¡Don Juan!

AVELL.   ¡Señor Tenorio!

D. JUAN.   ¡Apartaos,
               vanas sombras!

CENTELLAS.   Reportaos,   3120
               señor don Juan… Los que están
               en vuestra presencia ahora
               no son sombras, hombres son,
               y hombres cuyo corazón
               vuestra amistad atesora.   3125
               A la luz de las estrellas
               os hemos reconocido,
               y un abrazo hemos venido
               a daros.

D. JUAN.   Gracias, Centellas.

| CENTELLAS. | Mas ¿qué tenéis? ¡Por mi vida | 3130 |

CENTELLAS.   Mas ¿qué tenéis? ¡Por mi vida   3130
               que os tiembla el brazo, y está
               vuestra faz descolorida!

D. JUAN.   (*Recobrando su aplomo.*)
               La luna tal vez lo hará.

AVELL.   Mas, don Juan, ¿qué hacéis aquí?
               ¿Este sitio conocéis?   3135

D. JUAN.   ¿No es un panteón?

CENTELLAS.   ¿Y sabéis
               a quién pertenece?

D. JUAN.   A mí;
               mirad a mi alrededor,
               y no veréis más que amigos
               de mi niñez, o testigos   3140
               de mi audacia y mi valor.

CENTELLAS.   Pero os oímos hablar;
               ¿con quién estabais?

D. JUAN.   Con ellos.

CENTELLAS.   ¿Venís aún a escarnecellos?

D. JUAN.   No, los vengo a visitar.   3145
               Mas un vértigo insensato
               que la mente me asaltó
               un momento me turbó,
               y a fe que me dio mal rato.
               Esos fantasmas de piedra   3150
               me amenazaban tan fieros,
               que a mí acercado a no haberos
               pronto…

CENTELLAS.   ¡Ja!, ¡ja!, ¡ja! ¿Os arredra,
               don Juan, como a los villanos,
               el temor de los difuntos?   3155

D. JUAN.   No a fe; contra todos juntos
               tengo aliento y tengo manos.

Si volvieran a salir
de las tumbas en que están,
a las manos de don Juan   3160
volverían a morir.
Y desde aquí en adelante
sabed, señor capitán,
que yo soy siempre don Juan,
y no hay cosa que me espante.   3165
Un vapor calenturiento
un punto me fascinó,
Centellas, mas ya pasó;
cualquiera duda un momento.

AVELL.
                    } Es verdad.
CENTELLAS.

D. JUAN.   Vamos de aquí.   3170

CENTELLAS.   Vamos, y nos contaréis
cómo a Sevilla volvéis
tercera vez.

D. JUAN.   Lo haré así,
si mi historia os interesa;
y a fe que oírse merece,   3175
aunque mejor me parece
que la oigáis de sobremesa.
¿No opináis…?

AVELL.
                    }   Como gustéis.
CENTELLAS.

D. JUAN.   Pues bien; cenaréis conmigo
y en mi casa.

CENTELLAS.   Pero digo,   3180
¿es cosa de que dejéis
algún huésped por nosotros?
¿No tenéis gato encerrado?[81]

---

[81]*gato encerrado*: cosa escondida, oculta; un secreto.

D. JUAN.	¡Bah! Si apenas he llegado;
	no habrá allí más que vosotros 3185
	esta noche.

CENTELLAS.   ¿Y no hay tapada
a quien algún plantón demos?

D. JUAN.   Los tres solos cenaremos.
Digo, si de esta jornada
no quiere igualmente ser   3190
alguno de éstos.
(*Señalando a las estatuas de los
sepulcros.*)

CENTELLAS.   Don Juan,
dejad tranquilos yacer
a los que con Dios están.

D. JUAN.   ¡Hola! ¿Parece que vos
sois ahora el que teméis,   3195
y mala cara ponéis
a los muertos? Mas, ¡por Dios
que ya que de mí os burlasteis
cuando me visteis así,
en lo que penda de mí   3200
os mostraré cuánto errasteis!
Por mí, pues, no ha de quedar;
y a poder ser, estad ciertos
que cenaréis con los muertos,
y os los voy a convidar.   3205

AVELL.   Dejaos de esas quimeras.

D. JUAN.   ¿Duda en mi valor ponerme,
cuando hombre soy para hacerme
platos de sus calaveras?
Yo a nada tengo pavor.   3210
(*Dirigiéndose a la Estatua de don
Gonzalo que es la que tiene más
cerca.*)
Tú eres el más ofendido;
mas, si quieres, te convido

a cenar, Comendador.
Que no lo puedas hacer
creo, y es lo que me pesa; 3215
mas por mi parte en la mesa
te haré un cubierto poner.
Y a fe que favor me harás,
pues podré saber de ti
si hay más mundo que el de aquí, 3220
y otra vida, en que jamás
a decir verdad creí.

CENTELLAS.   Don Juan, eso no es valor;
locura, delirio es.

D. JUAN.   Como lo juzguéis mejor; 3225
yo cumplo así. Vamos, pues.
Lo dicho, Comendador.

F I N
DEL ACTO PRIMERO

ACTO SEGUNDO

LA ESTATUA DE DON GONZALO

Personas

DON JUAN.	LA SOMBRA DE DOÑA INÉS.
CENTELLAS.	LA ESTATUA DE DON GONZALO.
AVELLANEDA.	UN PAJE.
CIUTTI.	

Aposento de don Juan Tenorio. Dos puertas en el fondo a derecha e izquierda, preparadas para el juego escénico del acto. Otra puerta en el bastidor que cierra la decoración por la izquierda. Ventana en el de la derecha. Al alzarse el telón están sentados a la mesa don Juan, Centellas y Avellaneda. La mesa ricamente servida, el mantel cogido con guirnaldas de flores, etc. Enfrente del espectador, don Juan, y a su izquierda Avellaneda; en el lado izquierdo de la mesa Centellas, y en el de enfrente de éste una silla y un cubierto desocupados.

ESCENA PRIMERA

DON JUAN, EL CAPITÁN CENTELLAS,
AVELLANEDA, CIUTTI, UN PAJE.

D. JUAN.	Tal es mi historia, señores;	
	pagado de mi valor,	
	quiso el mismo Emperador	3230
	dispensarme sus favores.	
	Y aunque oyó mi historia entera,	
	dijo: "Hombre de tanto brío	

merece el amparo mío;
vuelva a España cuando quiera".   3235
Y heme aquí en Sevilla ya.

CENTELLAS.   ¡Y con qué lujo y riqueza!

D. JUAN.   Siempre vive con grandeza
quien hecho a grandeza está.

CENTELLAS.   A vuestra vuelta.

D. JUAN.   Bebamos.   3240

CENTELLAS.   Lo que no acierto a creer
es cómo, llegando ayer,
ya establecido os hallamos.

D. JUAN.   Fue el adquirirme, señores,
tal casa con tal boato,   3245
porque se vendió a barato
para pago de acreedores.
Y como al llegar aquí
desheredado me hallé,
tal como está la compré.   3250

CENTELLAS.   ¿Amueblada y todo?

D. JUAN.   Sí.
Un necio que se arruinó
por una mujer vendióla.

CENTELLAS.   ¿Y vendió la hacienda sola?

D. JUAN.   Y el alma al diablo.

CENTELLAS.   ¿Murió?   3255

D. JUAN.   De repente; y la justicia,
que iba a hacer de cualquier modo
pronto despacho de todo,
viendo que yo su codicia
saciaba, pues los dineros   3260
ofrecía dar al punto,
cedióme el caudal por junto
y estafó a los usureros.

CENTELLAS.	Y la mujer, ¿qué fue de ella?
D. JUAN.	Un escribano la pista 3265 la siguió, pero fue lista y escapó.
CENTELLAS.	¿Moza?
D. JUAN.	Y muy bella.
CENTELLAS.	Entrar hubiera debido en los muebles de la casa.
D. JUAN.	Don Juan Tenorio no pasa 3270 moneda que se ha perdido. Casa y bodega he comprado, dos cosas que, no os asombre, pueden bien hacer a un hombre vivir siempre acompañado, 3275 como lo puede mostrar vuestra agradable presencia, que espero que con frecuencia me hagáis ambos disfrutar.
CENTELLAS.	Y nos haréis honra inmensa. 3280
D. JUAN.	Y a mí vos. ¡Ciutti!
CIUTTI.	¿Señor?
D. JUAN.	Pon vino al Comendador. (*Señalando el vaso del puesto vacío.*)
AVELL.	Don Juan, ¿aún en eso piensa vuestra locura?
D. JUAN.	¡Sí, a fe! Que si él no puede venir, 3285 de mí no podréis decir que en ausencia no le honré.
CENTELLAS.	¡Ja, ja, ja! Señor Tenorio, creo que vuestra cabeza

va menguando en fortaleza.   3290

D. JUAN.   Fuera en mí contradictorio,
y ajeno de mi hidalguía,
a un amigo convidar
y no guardarle el lugar
mientras que llegar podría.   3295
Tal ha sido mi costumbre
siempre, y siempre ha de ser ésa;
y el mirar sin él la mesa
me da en verdad pesadumbre.
Porque si el Comendador   3300
es, difunto, tan tenaz
como vivo, es muy capaz
de seguirnos el humor.

CENTELLAS.   Brindemos a su memoria,
y más en él no pensemos.   3305

D. JUAN.   Sea.

CENTELLAS.   Brindemos.

AVELL.
            $\Big\}$ Brindemos.
D. JUAN.

CENTELLAS.   A que Dios le dé su gloria.

D. JUAN.   Mas yo, que no creo que haya
más gloria que esta mortal,
no hago mucho en brindis tal;   3310
mas por complaceros, ¡vaya!
Y brindo a que Dios te dé
la gloria, Comendador.
(*Mientras beben se oye lejos un alda-*
bonazo, que se supone dado en la
puerta de la calle.)
Mas ¿llamaron?

CIUTTI.   Sí, señor.

D. JUAN.   Ve quién.

CIUTTI.	(*Asomando por la ventana.*)
	A nadie se ve. 3315
	¿Quién va allá? Nadie responde.

CENTELLAS.	Algún chusco.[82]

AVELL.	Algún menguado[83]
	que al pasar habrá llamado
	sin mirar siquiera dónde.

D. JUAN.	(*A Ciutti.*)
	Pues cierra y sirve licor. 3320
	(*Llaman otra vez más recio.*)
	Mas ¿llamaron otra vez?

CIUTTI.	Sí.

D. JUAN.	Vuelve a mirar.

CIUTTI.	¡Pardiez!
	A nadie veo, señor.

D. JUAN.	¡Pues, por Dios, que del bromazo
	quien es no se ha de alabar! 3325
	Ciutti, si vuelve a llamar,
	suéltale un pistoletazo.
	(*Llaman otra vez, y se oye un poco más cerca.*)
	¿Otra vez?

CIUTTI.	¡Cielos!

AVELL.	} ¿Qué pasa?
CENTELLAS.	

CIUTTI.	Que esa aldabada postrera
	ha sonado en la escalera, 3330
	no en la puerta de la casa.

---

[82] *chusco: pícaro, gracioso.*
[83] *menguado: tonto, imbécil.*

AVELL.

CENTELLAS.
} ¿Qué dices?

(*Levantándose asombrados.*)

CIUTTI.   Digo lo cierto
nada más; dentro han llamado
de la casa.

D. JUAN.   ¿Qué os ha dado?   3335
¿Pensáis ya que sea el muerto?
Mis armas cargué con bala;
Ciutti, sal a ver quién es.
(*Vuelven a llamar más cerca.*)

AVELL.   ¿Oíste?

CIUTTI.   ¡Por San Ginés,
que eso ha sido en la antesala!

D. JUAN.   ¡Ah! Ya lo entiendo; me habéis   3340
vosotros mismos dispuesto
esta comedia, supuesto
que lo del muerto sabéis.

AVELL.   Yo os juro, don Juan…

CENTELLAS.   Y yo.

D. JUAN.   ¡Bah! Diera en ella el más topo:[84]   3345
y apuesto a que ese galopo[85]
los medios para ello os dio.

AVELL.   Señor don Juan, escondido
algún misterio hay aquí.
(*Vuelven a llamar más cerca.*)

CENTELLAS.   ¡Llamaron otra vez!

---

[84] *topo*: animal completamente ciego; referido a personas, "corto de vista, de cortos alcances".

[85] *galopo: galopín,* muchacho sucio y pícaro, pilluelo; se refiere a Ciutti.

CIUTTI.	Sí;	3350
	y ya en el salón ha sido.	

D. JUAN.
¡Ya! Mis llaves en manojo
habréis dado a la fantasma,[86]
y que entre así no me pasma;
mas no saldrá a vuestro antojo,   3355
ni me han de impedir cenar
vuestras farsas desdichadas.
(*Se levanta, y corre los cerrojos
de las puertas del fondo, volviendo a su lugar.*)
Ya están las puertas cerradas;
ahora el coco, para entrar,
tendrá que echarlas al suelo,   3360
y en el punto que lo intente,
que con los muertos se cuente,
y apele después al cielo.

CENTELLAS.
¡Qué diablos, tenéis razón!

D. JUAN.
¿Pues no temblabais?

CENTELLAS.
                                 Confieso   3365
que en tanto que no di en eso,
tuve un poco de aprensión.

D. JUAN.
¿Declaráis, pues, vuestro enredo?

AVELL.
Por mi parte nada sé.

CENTELLAS.
Ni yo.

D. JUAN.
                    Pues yo volveré   3370
contra el inventor el miedo.
Mas sigamos con la cena;
vuelva cada uno a su puesto,
que luego sabremos de esto.

AVELL.
Tenéis razón.

---

[86] *la fantasma*: hasta el siglo XIX esta palabra vacilaba entre femenina y masculina; Zorrilla mismo vacila entre los dos géneros.

D. JUAN.	(*Sirviendo a Centellas.*)
	Cariñena;[87] 3375
	sé que os gusta, capitán.
CENTELLAS.	Como que somos paisanos.
D. JUAN.	(*A Avellaneda, sirviéndole de otra botella.*)
	Jerez[88] a los sevillanos,
	don Rafael.
AVELL.	Habéis, don Juan,
	dado a entrambos por el gusto; 3380
	mas ¿con cuál brindaréis vos?
D. JUAN.	Yo haré justicia a los dos.
CENTELLAS.	Vos siempre estáis en lo justo.
D. JUAN.	Sí, a fe; bebamos.
AVELL.	} Bebamos.
CENTELLAS.	

(*Llaman a la misma puerta de
la escena, fondo derecha.*)

D. JUAN.	Pesada me es ya la broma, 3385
	mas veremos quién asoma
	mientras en la mesa estamos.
	(*A Ciutti, que se manifiesta asombrado.*)
	¿Y qué haces tú ahí, bergante?
	¡Listo! Trae otro manjar;
	(*Vase Ciutti.*)
	mas me ocurre en este instante 3390
	que nos podemos mofar
	de los de afuera, invitándoles
	a probar su sutileza
	entrándose hasta esta pieza

---

[87] *Cariñena:* vino español que procede de una cepa cultivada en Carineña, en la provincia de Zaragoza. Es de color oscuro y tiene mucha graduación.

[88] *Jerez:* vino blanco español de gran calidad que se elabora en la ciudad de Jerez de la Frontera.

	y sus puertas no franqueándoles.	3395
AVELL.	Bien dicho.	
CENTELLAS.	Idea brillante. (*Llaman fuerte, fondo derecha.*)	
D. JUAN.	¡Señores! ¿A qué llamar? Los muertos se han de filtrar por la pared; adelante. (*La Estatua de don Gonzalo pasa por la pared sin abrirla, y sin hacer ruido.*)	

ESCENA II

DON JUAN, CENTELLAS, AVELLANEDA, LA ESTATUA DE DON GONZALO.

CENTELLAS.	¡Jesús!	
AVELL.	¡Dios mío!	
D. JUAN.	¡Qué es esto!	3400
AVELL.	Yo desfallezco. (*Cae desvanecido.*)	
CENTELLAS.	Yo expiro. (*Cae lo mismo.*)	
D. JUAN.	¡Es realidad, o deliro! Es su figura…, su gesto.	
ESTATUA.	¿Por qué te causa pavor quien convidado a tu mesa viene por ti?	3405
D. JUAN.	¡Dios! ¿No es ésa la voz del Comendador?	
ESTATUA.	Siempre supuse que aquí no me habías de esperar.	

D. JUAN.	Mientes, porque hice arrimar	3410
	esa silla para ti.	
	Llega, pues, para que veas	
	que aunque dudé en un extremo	
	de sorpresa, no te temo	
	aunque el mismo Ulloa seas.	3415

| ESTATUA. | ¿Aún lo dudas? |

| D. JUAN. | No lo sé. |

ESTATUA.	Pon si quieres, hombre impío,
	tu mano en el mármol frío
	de mi estatua.

D. JUAN.	¿Para qué?
	Me basta oírlo de ti;	3420
	cenemos pues; mas te advierto…	

| ESTATUA. | ¿Qué? |

D. JUAN.	Que si no eres el muerto,
	lo vas a salir de aquí.
	¡Eh! Alzad. (*A Centellas y Avella-*
	neda.)

ESTATUA.	No pienses, no,
	que se levanten, don Juan;	3425
	porque en sí no volverán	
	hasta que me ausente yo.	
	Que la divina clemencia	
	del Señor para contigo	
	no requiere más testigo	3430
	que tu juicio y tu conciencia.	
	Al sacrílego convite	
	que me has hecho en el panteón,	
	para alumbrar tu razón,	
	Dios asistir me permite.	3435
	Y heme que vengo en su nombre	
	a enseñarte la verdad;	
	y es: que hay una eternidad	
	tras de la vida del hombre.	

Que numerados están   3440
los días que has de vivir,
y que tienes que morir
mañana mismo, don Juan.
Mas como esto que a tus ojos
está pasando supones   3445
ser del alma aberraciones
y de la aprensión antojos,
Dios, en su santa clemencia
te concede todavía,
don Juan, hasta el nuevo día   3450
para ordenar tu conciencia.
Y su justicia infinita
porque conozcas mejor,
espero de tu valor
que me pagues la visita.   3455
¿Irás, don Juan?

D. JUAN.   Iré, sí;
mas me quiero convencer
de lo vago de tu ser
antes que salgas de aquí.
(*Coge una pistola.*)

ESTATUA.   Tu necio orgullo delira,   3460
don Juan; los hierros más gruesos
y los muros más espesos
se abren a mi paso; mira.
(*Desaparece la Estatua sumiéndose
por la pared.*)

ESCENA III

DON JUAN, AVELLANEDA, CENTELLAS.

D. JUAN.   ¡Cielos! ¡Su esencia se trueca
el muro hasta penetrar,   3465

cual mancha de agua que seca
el ardor canicular!
¿No me dijo: "El mármol toca
de mi estatua"? ¿Cómo, pues,
se desvanece una roca?   3470
¡Imposible! Ilusión es.
Acaso su antiguo dueño
mis cubas envenenó,
y el licor tan vano ensueño
en mi mente levantó.   3475
¡Mas si éstas que sombras creo
espíritus reales son,
que por celestial empleo
llaman a mi corazón!
Entonces, para que iguale   3480
su penitencia don Juan
con sus delitos, ¿qué vale
el plazo ruin que le dan?
¡Dios me da tan sólo un día...!
Si fuese Dios en verdad,   3485
a más distancia pondría
su aviso y mi eternidad.
"Piensa bien que al lado tuyo
me tendrás...", dijo de Inés
la sombra, y si bien arguyo,   3490
pues no la veo, sueño es.
(*Trasparéntase en la pared la Sombra de doña Inés.*)

ESCENA IV

Don Juan, la Sombra de Doña Inés, Centellas
y Avellaneda, *dormidos.*

SOMBRA.   Aquí estoy.

D. JUAN.   ¡Cielos!

SOMBRA.   Medita
                    lo que al buen Comendador
                    has oído, y ten valor
                    para acudir a su cita.   3495
                    Un punto se necesita
                    para morir con ventura;
                    elígele con cordura,
                    porque mañana, don Juan,
                    nuestros cuerpos dormirán   3500
                    en la misma sepultura.
                    (*Desaparece la Sombra.*)

ESCENA V

DON JUAN, CENTELLAS, AVELLANEDA.

D. JUAN.   Tente, doña Inés, espera;
                    y si me amas en verdad,
                    hazme al fin la realidad
                    distinguir de la quimera.   3505
                    Alguna más duradera
                    señal dame, que segura
                    me pruebe que no es locura
                    lo que imagina mi afán,
                    para que baje don Juan   3510
                    tranquilo a la sepultura.
                    Mas ya me irrita, por Dios,
                    el verme siempre burlado,
                    corriendo desatentado
                    siempre de sombras en pos.   3515
                    ¡Oh! Tal vez todo esto ha sido
                    por estos dos preparado,
                    y mientras se ha ejecutado,
                    su privación han fingido.
                    Mas por Dios que si es así,   3520
                    se han de acordar de don Juan.
                    ¡Eh! Don Rafael, capitán.
                    Ya basta; alzaos de ahí.

(Don Juan mueve a Centellas y a Avellaneda, que se levantan como quien vuelve de un profundo sueño.)

CENTELLAS.   ¿Quién va?

D. JUAN.   Levantad.

AVELL.   ¿Qué pasa?
¡Hola, sois vos!

CENTELLAS.   ¿Dónde estamos?   3525

D. JUAN.   Caballeros, claros vamos.
Yo os he traído a mi casa,
y temo que a ella al venir,
con artificio apostado,
habéis sin duda pensado   3530
a costa mía reír;
mas basta ya de ficción
y concluid de una vez.

CENTELLAS.   Yo no os entiendo.

AVELL.   ¡Pardiez!
Tampoco yo.

D. JUAN.   En conclusión,   3535
¿nada habéis visto ni oído?

CENTELLAS.
}   ¿De qué?
AVELL.

D. JUAN.   No finjáis ya más.

CENTELLAS.   Yo no he fingido jamás,
señor don Juan.

D. JUAN.   ¡Habrá sido
realidad! ¿Contra Tenorio   3540
las piedras se han animado,
y su vida han acotado
con plazo tan perentorio?
Hablad, pues, por compasión.

CENTELLAS.	¡Voto va Dios![89] ¡Ya comprendo lo que pretendéis!	3545
D. JUAN.	Pretendo que me deis una razón de lo que ha pasado aquí, señores, o juro a Dios que os haré ver a los dos que no hay quien me burle a mí.	3550
CENTELLAS.	Pues ya que os formalizáis, don Juan, sabed que sospecho que vos la burla habéis hecho de nosotros.	
D. JUAN.	¡Me insultáis!	3555
CENTELLAS.	No, por Dios; mas si cerrado seguís en que aquí han venido fantasmas, lo sucedido oíd cómo me he explicado. Yo he perdido aquí del todo los sentidos, sin exceso de ninguna especie, y eso lo entiendo yo de este modo.	3560
D. JUAN.	A ver, decídmelo, pues.	
CENTELLAS.	Vos habéis compuesto el vino,[90] semejante desatino para encajarnos después.	3565
D. JUAN.	¡Centellas!	
CENTELLAS.	Vuestro valor al extremo por mostrar, convidasteis a cenar	3570

---

[89] ¡*Voto va Dios*!: "expresión familiar con que se amenaza o se denota enfado, sorpresa, admiración, etc." *DRAE*. Zorrilla emplea la alternativa a ¡*Voto a Dios*! por razones métricas.

[90] *habéis compuesto el vino*: Centellas le acusa a don Juan de adulterar el vino con algún narcótico (ver v. 3574) para hacerle a él y a Avellaneda dormir durante el episodio con la Estatua.

con vos al Comendador.
Y para poder decir
que a vuestro convite exótico
asistió, con un narcótico
nos habéis hecho dormir.   3575
Si es broma, puede pasar;
mas a ese extremo llevada
ni puede probarnos nada,
ni os la hemos de tolerar.

AVELL.   Soy de la misma opinión.   3580

D. JUAN.   ¡Mentís!

CENTELLAS.   Vos.

D. JUAN.   Vos, capitán.

CENTELLAS.   Esa palabra, don Juan...

D. JUAN.   La he dicho de corazón.
Mentís; no son a mis bríos
menester falsos portentos,   3585
porque tienen mis alientos
su mejor prueba en ser míos.

AVELL.
          } Veamos. (*Ponen mano a las
CENTELLAS. *espadas.*)

D. JUAN.   Poned a tasa
vuestra furia y vamos fuera,
no piense después cualquiera   3590
que os asesiné en mi casa.

AVELL.   Decís bien..., mas somos dos.

CENTELLAS.   Reñiremos, si os fiáis,
el uno del otro en pos.

D. JUAN.   O los dos, como queráis.   3595

CENTELLAS.   ¡Villano fuera por Dios!
Elegid uno, don Juan,
por primero.

D. JUAN.	Sedlo vos.
CENTELLAS.	Vamos.
D. JUAN.	Vamos, capitán.

FIN
DEL ACTO SEGUNDO

ACTO TERCERO

MISERICORDIA DE DIOS Y APOTEOSIS DEL AMOR

Personas

DON JUAN.   DOÑA INÉS.
LA ESTATUA DE DON GONZALO.
Sombras, estatuas, espectros, ángeles.

Panteón de la familia Tenorio. Como estaba en el Acto primero de la Segunda Parte, menos las estatuas de doña Inés y de don Gonzalo, que no están en su lugar.

ESCENA PRIMERA

DON JUAN, *embozado y distraído,*
entra en la escena lentamente.

Culpa mía no fue; delirio insano   3600
me enajenó la mente acalorada.
Necesitaba víctimas mi mano
que inmolar a mi fe desesperada,
y al verlos en mitad de mi camino,
presa les hice allí de mi locura.   3605
¡No fui yo, vive Dios! ¡Fue su destino!
Sabían mi destreza y mi ventura.
¡Oh! Arrebatado el corazón me siento
por vértigo infernal…, mi alma perdida
va cruzando el desierto de la vida   3610

cual hoja seca que arrebata el viento.[91]
Dudo…, temo…, vacilo…, en mi cabeza
siento arder un volcán…, muevo la planta
sin voluntad, y humilla mi grandeza
un no sé qué de grande que me espanta.   3615
(*Un momento de pausa.*)
¡Jamás mi orgullo concibió que hubiere
nada más que el valor…! Que se aniquila
el alma con el cuerpo cuando muere
creí…, mas hoy mi corazón vacila.
¡Jamás creí en fantasmas…! ¡Desvaríos!   3620
Mas del fantasma aquel, pese a mi aliento,
los pies de piedra caminando siento
por doquiera que voy, tras de los míos.
¡Oh! Y me trae a este sitio irresistible,
misterioso poder…
(*Levanta la cabeza y ve que no está
en su pedestal la Estatua de don Gonzalo.*)
                           ¡Pero qué veo!   3625
¡Falta de allí su estatua…! Sueño horrible,
déjame de una vez…. No, no te creo.
Sal, huye de mi mente fascinada,
fatídica ilusión…, estás en vano
con pueriles asombros empeñada   3630
en agotar mi aliento sobrehumano.
Si todo es ilusión, mentido sueño,
nadie me ha de aterrar con trampantojos,[92]
si es realidad, querer es necio empeño
aplacar de los cielos los enojos.   3635
No; sueño o realidad, del todo anhelo
vencerle o que me venza; y si piadoso
busca tal vez mi corazón el cielo,
que le busque más franco y generoso.

---

[91] Este verso recuerda muchos versos de Espronceda que contienen la imagen de la hoja seca arrebatada por el viento. Ver David T. Gies, "Visión, ilusión y el sueño romántico en la poesía de Espronceda," *Cuadernos de Filología* 3 (1983): 61-84.

[92] *trampantojos*: "Enredo o artificio para engañar o perjudicar a otro a ojos vistas; como quien dice, 'Trampa ante los ojos'". (*DRAE*).

La efigie de esa tumba me ha invitado   3640
a venir a buscar prueba más cierta
de la verdad en que dudé obstinado...
Heme aquí, pues; Comendador, despierta.
(*Llama al sepulcro del Comendador.—*
Este sepulcro se cambia en una mesa
que parodia horriblemente la mesa en
que cenaron en el acto anterior don
Juan, Centellas, Avellaneda.— En vez
de las guirnaldas que cogían en pabe-
llones sus manteles, de sus flores y lujo-
so servicio, culebras, huesos y fuego,
etcétera. (A gusto del pintor). Encima
de esta mesa aparece un plato de ceni-
za, una copa de fuego y un reloj de
arena. —Al cambiarse este sepulcro
todos los demás se abren y dejan paso
a las osamentas de las personas que se
suponen enterradas en ellos, envueltas
en sus sudarios.— Sombras, espectros
y espíritus pueblan el fondo de la escena.—
La tumba de doña Inés permanece.)

ESCENA II

DON JUAN, LA ESTATUA DE DON GONZALO,
LAS SOMBRAS.

ESTATUA.   Aquí me tienes, don Juan,
                y he aquí que vienen conmigo   3645
                los que tu eterno castigo
                de Dios reclamando están.

D. JUAN.   ¡Jesús!

ESTATUA.   ¿Y de qué te alteras,
                si nada hay que a ti te asombre,

| | y para hacerte eres hombre | 3650 |
| | platos con sus calaveras? |

D. JUAN.   ¡Ay de mí!

ESTATUA.   ¿Qué, el corazón
             te desmaya?

D. JUAN.   No lo sé;
             concibo que me engañé;
             no son sueños…, ¡ellos son!   3655
             (*Mirando a los espectros.*)
             Pavor jamás conocido
             el alma fiera me asalta,
             y aunque el valor no me falta,
             me va faltando el sentido.

ESTATUA.   Eso es, don Juan, que se va   3660
             concluyendo tu existencia,
             y el plazo de tu sentencia
             está llegando[93] ya.

D. JUAN.   ¡Qué dices!

ESTATUA.   Lo que hace poco
             que doña Inés te avisó,   3665
             lo que te he avisado yo,
             y lo que olvidaste loco.
             Mas el festín que me has dado
             debo volverte, y así
             llega, don Juan, que yo aquí   3670
             cubierto te he preparado.

D. JUAN.   ¿Y qué es lo que ahí me das?

ESTATUA.   Aquí fuego, allí ceniza.

D. JUAN.   El cabello se me eriza.

ESTATUA.   Te doy lo que tú serás.   3675

---

[93] *llegando*: Zorrilla corrige esta palabra en *cumpliéndose* en las ediciones de 1852 y 1893 para mantener el octosílabo.

D. JUAN.   ¡Fuego y ceniza he de ser!

ESTATUA.   Cual los que ves en redor;
                en eso para el valor,
                la juventud y el poder.

D. JUAN.   Ceniza, bien; ¡pero fuego!   3680

ESTATUA.   El de la ira omnipotente,
                do arderás eternamente
                por tu desenfreno ciego.

D. JUAN.   ¿Conque hay otra vida más
                y otro mundo que el de aquí?   3685
                ¿Conque es verdad ¡ay de mí!
                lo que no creí jamás?
                ¡Fatal verdad que me hiela
                la sangre en el corazón!
                Verdad que mi perdición   3690
                solamente me revela.
                ¿Y ese reló?

ESTATUA.   Es la medida
                de tu tiempo.

D. JUAN.   ¡Expira ya!

ESTATUA.   Sí; en cada grano se va
                un instante de tu vida.   3695

D. JUAN.   ¿Y esos me quedan no más?

ESTATUA.   Sí.

D. JUAN.   ¡Injusto Dios! Tu poder
                me haces ahora conocer
                cuando tiempo no me das
                de arrepentirme.

ESTATUA.   Don Juan,   3700
                un punto de contrición
                da a un alma la salvación,
                y ese punto aún te le dan.

D. JUAN.	¡Imposible! ¡En un momento	
	borrar treinta años malditos	3705
	de crímenes y delitos!	

ESTATUA.	Aprovéchale con tiento,	
	(*Tocan a muerto.*)	
	porque el plazo va a expirar,	
	y las campanas doblando	
	por ti están, y están cavando	3710
	la fosa en que te han de echar.	
	(*Se oye a lo lejos el oficio de difuntos.*)	

D. JUAN.   ¿Conque por mí doblan?

ESTATUA.   Sí.

D. JUAN.   ¿Y esos cantos funerales?

ESTATUA.	Los salmos penitenciales,	
	que están cantando por ti.	3715
	(*Se ve pasar por la izquierda luz*	
	de hachones, y rezan dentro.)	

D. JUAN.   ¿Y aquel entierro que pasa?

ESTATUA.   Es el tuyo.

D. JUAN.   ¡Muerto yo!

ESTATUA.	El capitán te mató	
	a la puerta de tu casa.[94]	

D. JUAN.	Tarde la luz de la fe	3720
	penetra en mi corazón,	
	pues crímenes mi razón	
	a su luz tan sólo ve.	
	Los ve… y con horrible afán,	
	porque al ver su multitud	3725
	ve a Dios en la plenitud	
	de su ira contra don Juan.	
	¡Ah! Por doquiera que fui	
	la razón atropellé,	

---

[94] Se refiere al final del Acto segundo de la Segunda Parte, versos 3595-3598.

la virtud escarnecí   3730
y a la justicia burlé,
y emponzoñé cuanto vi.
Yo a las cabañas bajé
y a los palacios subí,
y los claustros escalé;   3735
y pues tal mi vida fue,
no, no hay perdón para mí.
¡Mas ahí estáis todavía
(*A los fantasmas*.)
con quietud tan pertinaz!
Dejadme morir en paz   3740
a solas con mi agonía.
Mas con esa horrenda calma,
¿qué me auguráis, sombras fieras?
¿Qué esperáis de mí?[95]

ESTATUA.   Que mueras,
para llevarse tu alma.   3745
Y adiós, don Juan; ya tu vida
toca a su fin, y pues vano
todo fue, dame la mano
en señal de despedida.

D. JUAN.   ¿Muéstrasme ahora amistad?   3750

ESTATUA.   Sí, que injusto fui contigo,
y Dios me manda tu amigo
volver a la eternidad.

D. JUAN.   Toma, pues.

ESTATUA.   Ahora, don Juan,
pues desperdicias también   3755
el momento que te dan,
conmigo al infierno ven.

D. JUAN.   ¡Aparta, piedra fingida!

---

[95] Desde 1852, *esperan* en vez de *esperáis*, y se añade la siguiente acotación: "*A la Estatua de don Gonzalo*".

Suelta, suéltame esa mano,
que aún queda el último grano   3760
en el reló de mi vida.
Suéltala, que si es verdad
que un punto de contrición
da a un alma la salvación
de toda una eternidad,   3765
yo, Santo Dios, creo en Ti;
si es mi maldad inaudita,
tu piedad es infinita...
¡Señor, ten piedad de mí!

ESTATUA.   Ya es tarde.
             (*Don Juan se hinca de rodillas, ten-
             diendo al cielo la mano que le deja
             libre la Estatua. Las sombras, esque-
             letos, etc., van a abalanzarse so-
             bre él, en cuyo momento se abre la
             tumba de doña Inés y aparece ésta.
             Doña Inés toma la mano que don
             Juan tiende al cielo.*)

ESCENA III

DON JUAN, LA ESTATUA DE DON GONZALO, DOÑA INÉS,
SOMBRAS, etc.

DOÑA INÉS.   ¡No! Heme ya aquí,   3770
             don Juan; mi mano asegura
             esta mano que a la altura
             tendió tu contrito afán,
             y Dios perdona a don Juan
             al pie de mi sepultura.   3775

D. JUAN.   ¡Dios clemente! ¡Doña Inés!

DOÑA INÉS.   Fantasmas, desvaneceos;

su fe nos salva…, volveos
a vuestros sepulcros, pues.
La voluntad de Dios es;   3780
de mi alma con la amargura
purifiqué su alma impura,
y Dios concedió a mi afán
la salvación de don Juan
al pie de la sepultura.[96]   3785

D. JUAN.   ¡Inés de mi corazón!

DOÑA INÉS.   Yo mi alma he dado por ti,
y Dios te otorga por mí
tu dudosa salvación.
Misterio es que en comprensión   3790
no cabe de criatura;
y sólo en vida más pura
los justos comprenderán
que el amor salvó a don Juan
al pie de la sepultura.   3795
Cesad, cantos funerales;
(*Cesa la música y salmodia.*)
callad, mortuorias campanas;
(*Dejan de tocar a muerto.*)
ocupad, sombras livianas,
vuestras urnas sepulcrales;
(*Vuelven los esqueletos a sus tumbas,
que se cierran.*)
volved a los pedestales,   3800
animadas esculturas;
(*Vuelven las estatuas a sus lugares.*)
y las celestes venturas
en que los justos están
empiecen para don Juan

---

[96] De aquí al final del drama el manuscrito autógrafo revela varios cambios de estructura, que Zorrilla por obvias razones suprimió de la edición publicada. Con razón, Varela se refiere a "un pequeño rompecabezas, con indicación numerada para orientar la correcta situación de las décimas correspondientes, amén de las tachaduras parciales y de la presencia de diez versos en la última escena que no serán respetados en las ediciones impresas".

en las mismas sepulturas. 3805
(*Las flores se abren y dan paso a varios
angelitos que rodean a doña Inés y a
don Juan, derramando sobre ellos flores y perfumes, y al son de una música
dulce y lejana se ilumina el teatro con
luz de aurora. Doña Inés cae sobre un
lecho de flores, que quedará a la vista,
en lugar de su tumba, que desaparece.*)

ESCENA ÚLTIMA

DOÑA INÉS, DON JUAN, LOS ÁNGELES.

D. JUAN. ¡Clemente Dios, gloria a Ti!
Mañana a los sevillanos
aterrará el creer que a manos
de mis víctimas caí.
Mas es justo; quede aquí 3810
al universo notorio
que, pues me abre el purgatorio
un punto de penitencia,
es el Dios de la clemencia
el Dios de don Juan Tenorio. 3815
(*Cae don Juan a los pies de doña Inés,
y mueren ambos. De sus bocas salen
sus almas representadas en dos
brillantes llamas, que se pierden en el
espacio al son de la música. Cae el telón.*)

FIN
DEL DRAMA

ÍNDICE DE LÁMINAS

ESTE LIBRO
SE TERMINÓ DE IMPRIMIR
EL DÍA 14 DE SEPTIEMBRE DE 1994.

clásicos *castalia*

ÚLTIMOS TÍTULOS PUBLICADOS